AF369786

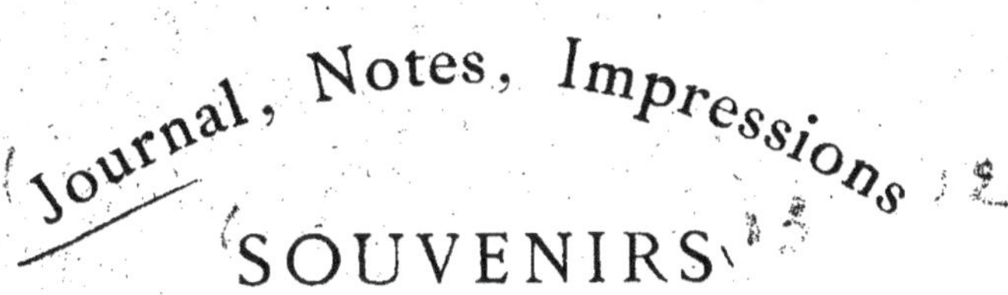

SOUVENIRS

DU

BARON DE GALEMBERT

Recueillis et mis en ordre

PAR UN DE SES ENFANTS

*Interroga patrem tuum,
et annuntiabit tibi.*
DEUTERON., XXXII.

LYON

IMPRIMERIE A. WALTENER ET Cie

14, rue Belle-Cordière, 14

1888

Journal, Notes, Impressions, Souvenirs

DU

BARON DE GALEMBERT

SOUVENIRS

DU

BARON DE GALEMBERT

Recueillis et mis en ordre

PAR UN DE SES ENFANTS

Interroga patrem tuum,
et annuntiabit tibi.
Deuteron., XXXII.

LYON

IMPRIMERIE A. WALTENER ET Cie
14, rue Belle-Cordière, 14

—

1888

A MA MÈRE

Le 16 août 1867, mon père copia, dans le Récit d'une sœur, cette pensée d'Albert de la Ferronays : « N'est-ce pas souffrir que d'aimer pour une vie seulement ? N'as-tu pas senti le goût des éternelles amours ? »

Et il ajouta : « O Louise, quand j'aurai quitté cette terre, entretiens avec moi ces éternelles amours dont parle Albert ! »

Votre nom est donc à sa place en tête de ce travail.

Ce nom, je l'ai trouvé partout répété, et il était partout accompagné des plus affectueux éloges. La dernière fois que mon père prit la plume, ce fut pour témoigner de votre « dévouement inépuisable. »

Dans cette longue agonie, qui rappelle le jardin de Gethsémani, vous avez été l'ange consolateur que Dieu envoyait à l'affligé pour le soutenir et le réconforter.

C'est la main dans la vôtre qu'il s'est endormi du dernier sommeil !

Puissent nos efforts vous aider à entretenir « d'éternelles amours » avec Celui qui n'est plus !

Etteveaux, le 14 février 1888.

AVANT-PROPOS

____

« Naguère encore il se tenait debout au milieu de nous, heureux de vivre et d'aimer... Après des jours de maladie cruelle, sont venus l'éternel silence et l'immobilité terrible de ceux qui ne sont plus. Les yeux que j'aimais tant se sont fermés pour jamais... Il a rejoint dans une autre patrie ceux des miens que le monde ne connaît plus et dont je revois, par les regards de l'âme, les ombres chères et vénérées... O mon père, Dieu me donne de vous imiter dans la vie et de vous retrouver dans la gloire ! »

Ces lignes qu'un causeur charmant[1], devenu par son mariage le neveu du baron de Galembert,

1. Arthur de Boissieu.

plaçait, il y a longtemps déjà, au commencement d'un volume dédié à la mémoire « du plus grand homme de bien qu'il eût connu, son père, » nous les mettons sur le premier feuillet de ce livre né du même sentiment de piété filiale et destiné à faire revivre le souvenir d'un autre homme de bien.

Ce n'est pas une biographie, encore moins une histoire, que nous allons retracer. Pendant les soixante années qu'il a passées en ce monde, le baron de Galembert est resté trop ignoré, il a volontairement rendu trop modeste le cadre de son existence, pour que nous ayons le droit d'essayer aujourd'hui, en présentant au public même une rapide esquisse des événements qui ont rempli sa vie, d'élargir le cercle de ceux qui l'ont connu.

Les pages qui vont suivre ne s'adressent qu'à des parents, à quelques amis. Elles ont pour but de leur rappeler ce que furent, chez M. de Galembert, l'élévation du caractère, la droiture du jugement, les ressources variées d'un esprit fin et cultivé. Y parviendront-elles ? Nous l'espérons, car ce sont des extraits de son journal intime que nous apportons, et ce journal, c'était lui-même: il y pensait, il y souffrait, il y vivait.

Depuis le jour où sont venus, après les angoisses d'une maladie cruelle, « l'éternel silence et l'immobilité terrible de la mort, » huit années se sont écoulées; mais la douleur dont cette mort a rempli notre âme n'a rien perdu de son amertume, et le temps, qui détruit tout, n'a pu faire disparaître pour aucun de nous les tristesses profondes de la séparation. Dieu nous donne, à nous aussi, « d'imiter notre père dans la vie et de le retrouver dans la gloire! »

CHAPITRE I

I. 1819-1848. — Anne-Marie-Charles de Bodin,
baron de Galembert, naquit à Vendôme, le 16 novembre 1819, d'une famille qui occupait déjà le premier rang parmi la noblesse du Cambrésis au début
du XII° siècle.

Son père, Joseph-François-Henri de Bodin, comte
de Galembert, né à Lavaur en 1766, fut élevé à Sorèze
par les Bénédictins. Sous-lieutenant en 1781, il quitta
le service en 1790 pour répondre à l'appel des Condés.
Après une dure émigration de vingt années, le comte
de Galembert revint en France, reçut à la Restauration le brevet de capitaine, fut fait chevalier de Saint-
Louis et mourut à Vendôme en 1825.

Le baron de Galembert a écrit la vie de son père ; la
mort seule l'a empêché de mener à bien ce travail, que
son fils aîné achèvera.

Voici ce qu'il écrivait à Vendôme le 26 mai 1860 :
« Cité gracieuse qui fus mon berceau, il me plaît de revenir dans ton enceinte, bien que tous les visages m'y soient inconnus et que j'y passe désormais comme un étranger; mais les lieux témoins de la première enfance, mais les moindres souvenirs de ce temps, le plus heureux de la vie parce qu'il en est le plus pur, restent toujours bien chers. Et puis, tu abrites les restes d'un père tendrement aimé et ceux d'une femme qui fut pour moi une seconde mère [1]! Mes sentiments pour ces deux êtres, dont la dépouille mortelle repose en ton sein, rejaillissent sur toi. Je suis allé m'agenouiller au pied des deux mausolées. Un pauvre ouvrier qui ne m'avait jamais vu, me reconnut à ma ressemblance avec mon père. Ah! mon Dieu, faites-moi la grâce que surtout ma vie ressemble à sa vie : ainsi j'aurai la certitude de le revoir un jour. »

La mère du baron de Galembert était fille du marquis de Vanssay; son frère, le baron de Vanssay, fut longtemps préfet de Nantes et eut l'un de ses fils attaché à la personne de M. le comte de Chambord. On verra par la suite quelle mère fut la comtesse de Galembert, et de quelle vénération elle fut entourée par son fils. Charles n'était que son troisième enfant : l'aîné, Louis, comte de Galembert, habite aujourd'hui la terre patrimoniale de Parpacé, près de Baugé; le second, Henri, vicomte de Galembert, demeure en Normandie, au château de Vesly.

1. Mᵐᵉ de Meaussé, qui lui laissa le château de la Brosse-Salerne, près Marchenoir (Loir-et-Cher).

Ces lignes étaient nécessaires avant de transcrire les notes intimes du baron de Galembert. Nous en ajouterons quelques autres sur sa jeunesse, les personnes qui l'environnèrent et les lieux où elle s'écoula ; car, si lui-même nous donne, dans ses parties principales, la chaîne de son existence, il nous faut, pour l'avoir entière, en reformer les premiers anneaux.

C'était un intérieur patriarcal, à mœurs douces et fortes, que celui où il passa son enfance. Son père avait su mettre à profit le temps de son exil pour se nourrir de solides études, éclairées par les rayons d'une saine philosophie, et où la religion avait eu la part qui lui revient. Ayant poussé jusqu'aux dernières limites du sacrifice le dévouement à ses convictions politiques, il avait, de la longue lutte soutenue contre l'adversité, gardé, dans son extérieur, une gravité qui imposait. Son attitude calme, le sérieux ordinaire de ses entretiens contrastaient avec la nature enthousiaste de sa femme, dont la vive admiration pour les héros vendéens se reflétait dans ses conversations. Mais, à cette différence près, tous les deux également bons, droits, fidèles à l'amitié, ardents au devoir, tinrent à faire valoir par eux-mêmes les richesses que Dieu leur envoyait et furent les premiers éducateurs de leurs fils.

N'est-ce pas jusqu'aux enseignements de ce père, de cette mère, que nous devons remonter, pour trouver les racines de cette fermeté de caractère, qui, chez le baron de Galembert, ne faiblira jamais, comme aussi celles de son culte pour l'honneur et de son inébranlable attachement aux principes vrais ? Nous pensons que si : car, à cet âge où « une impression suffit pour faire à l'enfant une irréparable blessure ou pour lui donner dans le bien une assiette qu'il ne quittera jamais sans remords [1] », il ne fut en contact qu'avec les nobles âmes de ses parents, attentives à développer toutes les généreuses inclinations de la sienne.

Devenue veuve en 1825, la comtesse de Galembert continua seule, avec un courage qui ne connut pas de défaillance, l'œuvre d'éducation commencée à deux, lorsqu'une circonstance imprévue lui procura le concours précieux d'un jeune prêtre déjà célèbre par son éloquente parole et son éminente piété.

Chaque année, Madame de Galembert allait passer quelque temps en Anjou, au château de Parpacé. L'antique Parpacé est un manoir féodal qui domine la contrée. Comme la plupart des constructions du Moyen-Age, il offre de grosses tours, des murs épais bâtis de pierres brutes ; à l'intérieur, des portes de fer, des escaliers tournants, d'immenses salles voûtées ; enfin, des galeries souterraines aboutissant dans la campagne. Mais, après avoir abrité plusieurs générations, il cessa de paraître commode à l'un de ses propriétaires, qui s'arrangea dans le parc une habitation plus conforme à ses goûts. C'est là que se trouvait Madame de Galembert, quand éclata la révolution de 1830.

L'effervescence de la capitale gagna vite les provinces. Le courant d'hostilité contre la religion et ses ministres se fit sentir avec une violence particulière dans la ville de Tours [2]. L'un des vicaires généraux du

1. P. Lacordaire. — 2. Voir Appendice, p. 209 et suivantes.

diocèse, M. l'abbé Dufêtre, alors âgé seulement de trente-quatre ans, ne tarda pas à devenir le point de mire de toutes les attaques. Son zèle ardent lui méritait bien cet honneur. Dans un moment où l'on renversait les croix, on ne pouvait manquer de persécuter l'apôtre infatigable qui en avait tant planté. Les amis du jeune prêtre lui conseillèrent de quitter Tours et d'aller attendre ailleurs la fin de l'orage.

Ayant prêché une mission à Vendôme, M. l'abbé Dufêtre avait eu occasion de faire connaissance avec la famille de Galembert. Il avait même, on peut dire, assisté le comte de Galembert à son lit de mort, prodiguant ensuite à sa veuve les consolations par lesquelles la religion sait adoucir les plus douloureuses épreuves de la vie. Ces souvenirs ne s'étaient pas effacés. Aussi Madame de Galembert le vit-elle avec joie accepter l'hospitalité de Parpacé de préférence à toutes celles qui lui étaient offertes.

Dans cette retraite tranquille, caché sous un nom d'emprunt, il trouva, avec la douce intimité d'une vie de famille, une chose qui devait lui manquer bien souvent par la suite : ce calme de la solitude, si favorable au recueillement de l'âme et aux méditations de la pensée. Il y trouvait aussi, sous une forme nouvelle, un moyen de se dévouer, en consacrant son temps aux deux jeunes enfants de la maison, âgés l'un de quinze ans et l'autre de onze seulement.

Personne ne comprenait mieux que M. Dufêtre et n'était plus capable que lui de remplir les difficiles fonctions de précepteur. Possédant des connaissances aussi étendues que variées, une grande clarté d'élocution, il avait, en outre, une façon particulièrement intéressante de présenter les choses et le don si rare de charmer en instruisant. Mais, ce à quoi il était surtout à même d'exceller, c'était à façonner le caractère de ses élèves et à former leur cœur en en dirigeant les aspirations vers le bien.

L'éducation de Charles de Galembert était donc déjà élevée sur de solides assises et son instruction très avancée, lorsqu'il fut placé au collège libre de Pont-Levoy. Il y poursuivit et y termina ses études avec de brillants succès.

A sa sortie du collège, il habita Paris avec sa mère, et fit son droit. Sa vie d'étudiant fut coupée par plusieurs voyages. L'Italie surtout l'attirait : il la visita quatre fois. A son voyage de 1846, il passa en Sicile et en rapporta de nombreuses notes. Il les publia plus tard en un volume [1] dédié à la princesse de San Cataldo, née Cannizzaro, dont les parents, à l'époque de la révolution, avaient su adoucir les amertumes de l'exil pour le comte de Galembert alors réfugié en Sicile, et qui elle-même, cinquante ans plus tard, en des jours meilleurs, avait accueilli à Palerme le fils de l'émigré français comme une mère aurait accueilli son enfant.

En 1848, lors des insurrections, le baron de Galembert prit le sac et le fusil et défendit la cause de l'ordre dans la rue. C'est de cette époque que commencent les notes et impressions recueillies çà et là au fur et à mesure des événements de la vie.

1. *Souvenirs d'un voyage en Sicile*. Autun, DEJUSSIEUX. 1861.

Abandonné souvent, toujours repris, ce journal intime rapporte les faits du jour, les préoccupations du moment, qu'elles aient trait à des questions religieuses, philosophiques, politiques, ou aux plus simples détails de l'existence personnelle. Il mentionne les lectures du baron de Galembert, ses travaux, ses joies et aussi ses douleurs.

Ce sont donc des pensées séparées, des réflexions isolées qui vont former ce recueil. Pour ne rien leur enlever de leur caractère, nous les avons transcrites telles quelles des douze cahiers où elles se trouvent éparses. De ce bouquet nous pouvons dire comme Montaigne et avec plus de raison encore : « J'ai fait seulement ici un amas de fleurs étrangères, n'y ayant fourni du mien que le mince filet à les lier. »

II. 1848-1850. — Pendant l'hiver de 1848-1849, le baron de Galembert est à Parpacé ; il s'y occupe de littérature, d'italien, de philosophie. Il lit M. de Bonald, dont il partage les conclusions : « Le pouvoir est de Dieu, toujours respectable par conséquent, quelle que soit la valeur particulière de celui qui l'exerce. Ce principe fondamental est le seul qui puisse donner durée, stabilité au pouvoir et à la société, car lui seul donne l'autorité et inspire l'obéissance. *Parpacé,* 10 *janvier* 1849. »

Le vote du 10 décembre précédent l'inquiète : « Il y a conflit entre le gouvernement et l'assemblée... Cette assemblée, qui a décrété le suffrage universel, se défie de son œuvre, parce qu'elle sait que le pays n'est plus avec elle. Le parti modéré est maître des élections; le sera-t-il plus tard ?... Ce conflit pourrait amener de grands désordres : c'est le conflit de l'idée monarchique fondamentale en France, contre l'idée républicaine ou révolutionnaire qui nous a été imposée par une imperceptible minorité le 24 février. Ce fut un escamotage; peut-il durer ?... *Parpacé, 17 janvier* 1849. »

Au mois de mars, le baron de Galembert est à Paris; il veut changer la nature de ses occupations : « Avant mon voyage d'Italie, je m'occupais presque exclusivement de musique. Pendant mon voyage et depuis, j'ai mêlé à l'étude de la musique celle de la poésie, de l'histoire, de la littérature. Je suis obligé, par suite de l'excitation que me cause la musique, d'en restreindre l'étude au chant. Je renonce donc à regret, au moins pour un temps, à la composition musicale; et dorénavant, je m'occuperai plus spécialement d'études historiques et littéraires. *Paris, 7 mars* 1849. »

Tout en suivant les événements politiques, il lit le Tasse, La Bruyère, La Rochefoucauld, et, fidèle à sa coutume de ne lire que la plume à la main, il note les pensées les plus saillantes des ouvrages qu'il parcourt. Il arrive ainsi au 4 mai, anniversaire de la proclamation de la république : « Les illuminations officielles n'ont pas manqué; mais les esprits, que pensent-ils sur la durée de la république ?... Les élections donneront une majorité immense aux hommes monarchiques : il sortira peut-être de là une crise, une bataille terrible. Qu'est-ce qui surnagera ? l'empire ; et, après l'empire, la république rouge ; et, après elle, la légitimité. C'est dans la logique des faits... Je suis allé à Versailles passer cette fête ; je me suis promené dans la ville, dans ce parc tout plein encore de la majesté de Louis XIV !... Le palais, comme celui des Tuileries, attend son maître et son roi. *Paris, 5 mai* 1849. »

A ce moment, le baron de Galembert se lance dans la joûte électorale : « Hier, dans une réunion électorale, présidée par M. de La Rochejaquelein, j'ai pris la parole devant cinq à six mille personnes ; cela ne m'a pas intimidé comme je l'aurais cru. »

Enfin l'Assemblée constituante s'en va le 27 mai : « Ce n'est pas sans peine qu'elle se résout à mourir. Pourtant l'agonie a été assez longue, assez nuisible aux intérêts du pays... On peut dire de cette assemblée qu'elle ne représentait rien, ni l'idée monarchique, ni l'idée républicaine ; elle fut le produit de la surprise et de la peur... »

Ainsi que l'avait prévu le baron de Galembert, les élections furent bonnes. « Les électeurs n'ont nommé que des candidats aux opinions bien tranchées. Il y a en présence 500 réactionnaires, dont 200 légitimistes, et 225 démocrates-socialistes. »

L'Europe s'agite ; qui rétablira le pape sur le trône de saint Pierre ? « Ah ! si la France rentrait dans des conditions normales de gouvernement et de vie, l'Europe serait bientôt pacifiée et tranquille ! C'est à Paris qu'est le cratère du volcan. *Paris, 27 mai* 1849. »

Le choléra règne à Paris : « Boccace imagina le Décaméron comme un préservatif de la peur... Le meilleur est encore de se résigner à la volonté de Dieu. »

Ce n'est pas que M. de Galembert nie la difficulté de garder son sang-froid et son courage en face de la mort. Lui-même se crut atteint par le fléau, et « alla réveiller son médecin à onze heures du soir. » Il en fut quitte pour la peur. « Imagination, ajoute-t-il, tu es bien la folle du logis ! .. *Paris, 4 juin* 1849. »

Cependant sa mère s'inquiète et le réclame : « Je me décide à quitter Paris, où le choléra sévit avec violence. On ne rencontre que corbillards dans les rues. Hier et avant-hier, mille personnes sont mortes chaque jour. M. C... m'ordonne Plombières ; M. L... Saint-Sauveur, dans les Pyrénées. Je vais d'abord... à Parpacé. *Paris, 7 juin* 1849. »

Après un séjour à Plombières, il accompagna sa mère au Croisic. Les voyages et les excursions ne l'empêchaient pas de se préoccuper de la tournure que prenaient les événements politiques : « A propos d'inaugurations de chemins de fer, Louis-Napoléon fait des tournées dans les départements, assiste à des banquets, passe des revues, prononce des discours. Cela me fait l'effet d'une préparation de l'esprit public à l'empire... Nos représentants veulent aller faire leurs vendanges, goûter les plaisirs de la chasse ; mais ils ont soin de conserver leur indemnité pendant les vacances... En l'absence de l'Assemblée, il vient de se réunir à Paris un congrès de la Paix. Présidé par Victor Hugo et composé de philanthropes appartenant aux quatre coins du globe, ce congrès s'est réuni dans le but d'aviser aux moyens de faire disparaître la guerre entre les peuples et d'arriver à la paix universelle... Il est des maux qu'il faut, non pas chercher à enlever de la terre, mais essayer d'atténuer, de régler. Tenons compte du passé, et ne nous croyons pas appelés à réaliser l'âge d'or mieux que nos devanciers. *Le Croisic*, 29 *août* 1849. »

Au mois d'octobre, nous retrouvons le baron de Galembert à la Brosse-Salerne, « où il passe huit jours pour ses affaires. » Les plaines nues de la Beauce ne l'effraient pas outre mesure : « Mon Dieu ! je m'habituerais encore dans ce pays. J'y serais vite estimé et aimé, je crois. J'aurais facilement l'amour de la propriété. » Mais il veut retourner en Anjou pour y passer l'hiver près de sa mère : « Je vivrai là, dit-il, dans la paix, m'occupant de réunir mes souvenirs de voyage et de préparer soit mon mariage, soit un voyage d'Orient pour la fin de 1850. *La Brosse*, 22 *octobre* 1847. »

Revenu à Parpacé pour six mois, il partage ses loisirs entre l'étude et la chasse, avec cette différence qu'il étudie par goût et chasse par raison : « Le corps, aussi bien que l'intelligence et le cœur, a besoin d'activité. C'est comme exercice que j'envisage la chasse et pour ce seul motif que j'y ai du goût... Hier, j'ai pris seul un chevreuil. *Parpacé*, 2 *novembre* 1849. »

Mais le baron de Galembert était parvenu à ce temps de l'existence, « où nous ne pouvons plus vivre pour nous-mêmes, où il nous faut quelque autre vie à laquelle la nôtre se rattache; » [1] aussi ses notes de l'automne de 1849 portent-elles pour la plupart l'empreinte de ses préoccupations d'avenir. Le 3 novembre, jour de Saint-Charles, il écrivait : « Aujourd'hui, jour de ma fête, je sens encore plus que d'habitude combien il est nécessaire pour moi d'avoir un cœur pour m'aimer et m'entourer de ses vœux... Mon âme a soif d'une autre âme. »

Le 14 du même mois revient l'anniversaire de sa naissance; il a remarqué quelques fils d'argent parmi ses cheveux noirs : « Mes cheveux blanchissent, mais mon cœur est jeune, grâce au ciel! Oui, je puis être heureux par lui, je puis espérer en lui. »

Il clôt les notes de l'année par ces réflexions : « L'estime est la base de l'amour. Tout amour qui n'a pas cette base ressemble à un édifice bâti sur le sable et que renverse le moindre souffle du vent. Combien ce mot est profané aujourd'hui! Que de gens le prostituent! Que de gens aussi le maudissent, par suite des tristes résultats qu'entraîne une liaison coupable ou débauchée! Mais l'amour vrai, l'amour qui s'appuie sur l'estime, ne connaît point les remords; on ne saurait jamais que le bénir, car ce sentiment réalise, pour l'homme que Dieu n'appelle pas aux divines immolations, le maximum de bonheur qu'il puisse rêver ici-bas. *Parpacé, 29 décembre.* »

Les mêmes pensées l'occupent au commencement de la nouvelle année : « Encore une année enfuie! je puis

1. P. Lacordaire.

me rendre le témoignage de l'avoir bien employée et d'avoir compris la valeur du temps. Puissé-je, dans celle qui s'ouvre, faire preuve pour le travail d'une égale ardeur. On ne recueille l'été que ce qu'on sème au printemps...

» La solitude où je suis porte au recueillement... L'homme n'a de valeur que par la réflexion, que par sa faculté de concevoir des idées abstraites et générales, d'où découlent toutes les idées particulières et l'explication des faits. La philosophie, qui s'occupe des notions et vérités premières, est la clé de toutes les connaissances. Il faut que désormais je donne plus à son étude et moins à celle de la littérature et de la poésie.

» D'un autre côté, je dois chercher, cette année, à satisfaire par une union convenable et digne mon besoin d'affection. Là seulement je trouverai le bonheur. Il faut me hâter, sous peine de me marier en cheveux blancs. Il m'en coûtera pourtant de quitter mon indépendance, mais *il n'est pas bon que l'homme soit seul. Parpacé*, 1ᵉʳ *janvier* 1850. »

En attendant l'accomplissement de ce désir intime, le baron de Galembert tâche de s'absorber dans l'étude. Il jette parmi ses notes ces mots sur le règne de Louis XV : « Époque de décadence en toutes choses, dans les armes, dans les finances, dans les mœurs, dans la littérature, dans la philosophie. » Il relit Chateaubriand, Mᵐᵉ de Staël, de Bonald. Il trouve que la philosophie « forme, pour ainsi dire, les deux rives du lit où coule notre vie » et « qu'on ne saurait

penser sérieusement sans faire de la philosophie...
Janvier 1850. »

La réforme et la philosophie du dix-huitième siècle. qui s'y rattache par plus d'un lien, lui paraissent être la cause première des maux qui ravagent le monde moderne : « Elles n'ont fait qu'exalter l'individualité de l'homme, que le pousser à l'orgueil. Elles ont sapé l'autorité religieuse, l'autorité politique, celle même du père de famille, en ne parlant à l'homme que de ses droits et jamais de ses devoirs. Erreur monstrueuse ! car l'homme n'est fait que pour la société. il n'existe et n'est complet que par elle. Ses droits sont par con-séquent subordonnés à ses devoirs. De ces doctrines mensongères découlent la *déclaration des droits de l'homme* et le *droit au travail* de Louis Blanc, avec les utopies socialistes, l'égoïsme, le désir de bien-être poussé à l'extrême... Quand, pour sa propre utilité, on a glorifié le droit d'insurrection, on est mal venu plus tard à vouloir l'interdire aux autres. 15 *février* 1850. »

Au retour d'un enterrement, il écrit : « On ne rend justice à l'homme que lorsque le tombeau s'est refermé sur lui. Jamais il n'occupera pendant sa vie comme au moment de sa mort ; jamais il ne verra réunis autour de son foyer autant d'amis qu'un jour on en comptera autour de son cercueil... 18 *janvier* 1850. »

Les vertus de sa mère sont encore pour lui la meil-leure école : « Ma mère est un ange de charité. Une pauvre femme, en revenant du marché, a été renversée par un cabriolet qui descendait la côte ; cette malheu-reuse a eu la jambe cassée. Je me trouvais près de l'endroit où arriva l'accident; je me suis hâté de faire transporter la villageoise au château. C'est là que ma mère lui prodigua des soins comme on en donne à une fille, à une sœur... C'est la bénédiction d'une famille qu'une semblable mère; c'est la rosée du ciel descendant sur des enfants. *Parpacé, 28 janvier 1850.* »

Aussi M. de Galembert se désole-t-il de voir approcher le moment de la séparation : «Voilà six mois bien vite écoulés dans les soins de la tendresse filiale, dans le calme de la campagne, dans les travaux de l'étude. Toujours je lutte contre moi-même, la lutte retrempe l'âme; bénissons le ciel de nous l'envoyer... Maintenant, je m'en vais passer deux mois à Paris pour voir, entendre, m'instruire, recueillir des matériaux pour l'avenir, me marier peut-être. Si je ne puis réaliser ce dernier parti, je reviendrai près de ma mère reprendre mes études favorites et me préparer à quelque voyage. *Parpacé, 12 mars 1850.* »

Ses impressions ne sont pas gaies à Paris : « Me voici à Paris depuis plus de quinze jours, et je ne suis pas encore fait à la vie qu'on y mène. Je me trouve isolé, dépaysé dans ce bruit, dans cette indifférence. Je me mets à regretter souvent le foyer maternel. La vieillesse routinière, esclave de l'habitude, s'empare-t-elle déjà de moi? A Paris, plus qu'ailleurs, il me faut lutter contre la mélancolie. J'ai soif d'occupation, de vie, et le courage me manque pour la satisfaire. »

Une nouvelle se répand alors prompte comme l'éclair : M. le comte de Chambord est à Wiesbaden. Aussitôt commence un pèlerinage qu'on pourrait appeler le pèlerinage de la fidélité. Le baron de Galembert est du nombre de ceux qui vont à Wiesbaden demander la solution qui seule eût pu sauver la France.

Ses notes cependant sont muettes à ce sujet. Du reste, elles manquent durant une période de quatre années : 1850-1854. C'est la période qui lui ouvre l'existence nouvelle, si longtemps désirée, sur laquelle, de bien loin, il faisait déjà reposer le bonheur de sa vie.

III. 1850-1854. L'hôte illustre de Parpacé en 1830, M. l'abbé Dufêtre, devenu évêque de Nevers, prépara les premières voies du mariage qui allait établir l'élève dans le diocèse du maître ; et le 21 décembre 1852, en cette chapelle d'Etteveaux où un jour il voudra dormir son dernier sommeil, le baron de Galembert épousait Mademoiselle Louise de Rivière.

Mgr Dufêtre donna lui-même la bénédiction nuptiale aux jeunes fiancés. Dans son discours, il disait à Mademoiselle de Rivière : « Le ciel prodigue pour vous ses bienfaits, en vous donnant un époux tel que votre cœur pouvait le désirer. Issu d'une famille distinguée où la vertu est héréditaire, il a été élevé par une mère qui en est elle-même le modèle le plus accompli. J'ai vu croître son enfance, j'ai vu se former et se développer successivement en lui les nobles qualités qui ornent aujourd'hui son âme : j'ose affirmer qu'il vous offre tout ce qui peut assurer votre bonheur. »

M. de Galembert trouvait en honneur au foyer d'Etteveaux les mêmes traditions de foi et de charité qu'à celui de Parpacé.

Sous la Terreur, le grand-père de la baronne de Galembert avait caché des prêtres, racheté, pour les préserver du pillage, des presbytères, des églises et des cimetières, et arrêté, partout où il l'avait pu, l'impiété révolutionnaire. En un temps où la simple fidélité à ses croyances menait à l'échafaud, c'était exercer un métier dangereux. M. de Rivière le savait. L'eût-il ignoré, qu'on le lui eût vite appris. Bientôt dénoncé, poursuivi, il fut obligé de se cacher à son tour, et ne dut qu'aux sympathies dont il jouissait dans le pays d'échapper aux recherches dont il était l'objet. Avant de mourir, il eut la consolation de voir le culte catholique rétabli en France, et le saint sacrifice célébré de nouveau dans les trois églises paroissiales qu'il avait, au péril de sa vie, préservées de la profanation.

Comme pour couronner l'œuvre paternelle, son second fils, M. Louis de Rivière [1], recommanda, par testament, l'agrandissement de l'église de Poil et la fondation d'une école tenue par des religieuses.

C'était au baron de Galembert, devenu, dès son mariage, propriétaire d'Etteveaux, qu'il était réservé d'accomplir ce vœu. Il fut secondé dans son exécution par sa belle-mère, Madame de Rivière, née de Drouin de Bouville, femme distinguée, d'une angélique piété, d'une inépuisable bienfaisance, en qui il retrouvait

---

1. M. Louis de Rivière mourut le 3 octobre 1852.

les vertus de sa propre mère et qu'il ne vénéra pas moins[1].

Après un voyage de six mois en Italie, durant lequel ils visitèrent le comte de Chambord à Venise et reçurent la bénédiction de Pie IX au Vatican, M. de Galembert et sa jeune femme se fixèrent en Morvan.

En 1854, un fils leur est né. Baptisé dans la chapelle d'Etteveaux, il a reçu les prénoms de Henri-Marie-Charles.

Le baron de Galembert se remet à écrire ses impressions et pensées intimes, qu'il intitule ainsi : « A. M. D. G. Notes sur lectures. — Pensées diverses. — Sentiments. — Impressions. »

Désormais les notes se suivent d'une façon ininterrompue. Toutefois, avant de continuer à les transcrire par ordre chronologique, nous croyons bon d'en extraire quelques-unes des différents cahiers, afin de montrer par elles, comme dans une vue d'ensemble, ce qu'était, chez le baron de Galembert, le père, le croyant, l'homme, le citoyen, et de quelle façon élevée, sous tous ces rapports, il entendait et pratiquait ses devoirs.

1. Madame de Rivière mourut à Etteveaux, le 26 janvier 1863. Ses trois filles aînées étaient : Madame de Geffrier, la marquise de Sasselange et la vicomtesse d'Aboville.

CHAPITRE II

I. A chaque enfant que le ciel lui envoie, le baron de Galembert remercie Dieu et l'implore pour le nouveau-né. « Me voilà père de deux enfants, écrit-il ; l'un, âgé de dix-huit mois, court, parle presque déjà et commence à marquer dans la vie. L'autre, pauvre petite fleur à peine éclose, n'a vu encore que quelques aurores. Notre bel Henri aime bien *sua sorella Maria ;* il la berce, l'embrasse et l'appelle sans cesse. *Ella, ella,* dit-il de sa voix enfantine, qui commence à balbutier quelques syllabes italiennes... Que Dieu veille sur ces deux petits êtres chéris ; qu'il les conserve à notre amour, qu'il les fasse marcher dans la voie du bien, de la vertu, qui est la voie du véritable bonheur. »

Et quelques années plus tard : « Que Dieu veille sur ce quatrième comme sur les autres, car il n'a pas été moins bien reçu, ni ne sera pas moins aimé qu'eux. »

Puis : « Trois fils, trois filles ; voilà donc mon lot de père de famille. J'espère en la grâce de Dieu, en son secours et en sa protection puissante, pour mener à bien la lourde tâche d'élever mes chers enfants. »

Cette reconnaissance envers Dieu prend sa source dans les motifs les plus élevés : « Nous devons toujours être reconnaissants envers Dieu qui se sert de nous pour donner la vie à une créature douée d'une âme et d'une intelligence, à une créature faite à son image. Nous remplissons tous ici-bas un sacerdoce, et nous sommes les ministres, les instruments de Dieu en toute chose. Montrons-nous dignes de notre ministère quel qu'il soit, et acceptons avec joie la mission que nous confie la Providence. *Ellereaux, 2 août 1857.* »

M. de Galembert entourait ses enfants d'une admirable sollicitude : « On aime son enfant en raison de la joie qu'il vous donne, mais peut-être plus encore en raison des inquiétudes, des angoisses qu'il vous cause. Mon bien aimé Henri vient pour la première fois, depuis un an qu'il est dans ce monde, de nous inspirer quelques tourments ; il nous avait gâtés jusqu'ici, et nos inquiétudes n'en ont été que plus vives. La veille, nous le voyions gai, babillant avec nous, courant après ses jouets, balbutiant nos noms : et, le lendemain, il était étendu dans son berceau, tantôt oppressé, rendu haletant par la fièvre, tantôt affaissé sur lui-même, pâli par la fatigue et semblable à un ange endormi.

» Pauvre enfant, si un jour tu vois ces lignes tracées par la main de ton père, tu devineras combien ce père t'aimait. Ta mère et moi, nous étions suspendus sur

ta couche, épiant ton moindre mouvement, ta moindre
plainte, ton moindre souffle, heureux, plus qu'aucune
parole ne saurait le dire, quand tes regards étaient
moins éteints et que nous sentions diminuer l'oppression de ta poitrine... Tu entres dans la vie, pauvre
petit, et déjà la souffrance s'empare de toi ! Triste
condition de l'homme sur cette terre ! Que de maux
t'attendent peut-être encore ! Puisses-tu avoir toujours
près de toi le sein de ta mère, pour te reposer, et
nos cœurs, pour t'entourer de notre dévouement...
2 mars 1855. »

Au mois de mars 1869, après une courte maladie
de son second fils, il écrit : « Qui pourrait dire les
inquiétudes poignantes de l'âme d'un père, quand il
voit son fils étendu sur un lit de douleur, respirant
avec peine, en proie au délire d'une fièvre ardente, et
que le médecin est là, appliquant son oreille sur cette
poitrine haletante et cherchant à deviner où réside le
siège du mal ? O mon cher Eugène, tu ne te douteras
jamais des larmes de bonheur que répandirent intérieurement ton père et ta mère, quand, se relevant,
l'homme de l'art leur déclara qu'aucun des organes
essentiels à la vie n'était atteint chez toi. Et cependant,
étions-nous complètement rassurés par ces pronostics
de la science ? Oh ! non, car nous savions que le souverain médecin est là-haut. Je courus donc ce soir-là
même, malgré l'obscurité, malgré la neige, à l'église
du village ; j'allai prier et je fis prier publiquement
pour toi. »

Un père peut-il être le précepteur de ses enfants ? Le

baron de Galembert croit qu'il n'est pas, en général,
dans les conditions nécessaires pour pouvoir s'acquitter
convenablement de cette mission :

« Je suis momentanément le précepteur de mon fils
Henri. Il est doux de former l'esprit et le cœur de l'être
auquel on a donné la vie matérielle. Il y a un grand
charme à suivre le développement d'une intelligence
qui nous est chère, à l'initier successivement aux
diverses ramifications des connaissances humaines. La
raison d'un enfant est semblable à un jeune arbre qu'on
a soi-même planté. Quand on a cultivé de ses propres
mains le sol qui recouvre ses racines, quand on a
arrosé la terre qui le nourrit, avec quel intérêt ne suit-
on pas la croissance de cette tige d'abord si fragile,
mais qui, grâce aux soins dont elle est entourée,
acquiert peu à peu force et grandeur !...

» L'enfant s'habitue promptement à saisir l'enchaînement des idées entre elles, à comprendre le pourquoi des choses, à remonter de l'effet à la cause, du
connu à l'inconnu...

» Il a fallu me remettre au grec et au latin, que je
n'avais pas étudiés depuis vingt-huit ans. Pour le latin,
il m'a été facile d'en retrouver la clé. Mais il n'en a pas
été de même pour le grec : ce n'est qu'à coups de dic-
tionnaire que je saisis le sens des dialogues de Lucien.
Et cependant, j'étais dans mes classes très fort en
grec, comme on dit au collège. Vanité de la science !

» La première condition pour instruire la jeunesse,
c'est de savoir bien soi-même ce qu'on enseigne : la
deuxième, de posséder l'art de transmettre aux autres

ce que l'on sait ; la troisième, de se consacrer entièrement à son élève ; la quatrième enfin, de faire marcher
l'enfant dans la voie de la science sans précipitation ni
lenteur, et, partant, d'apprécier ses progrès ni avec
trop d'indulgence, ni avec trop de sévérité.

» Peu de pères sont à même de réaliser ces quatre
conditions indispensables... Je conseille donc à un
père de s'abstenir, en général, de se mêler de l'éducation de son fils, sous peine de la compromettre. Le
collège, d'ailleurs, convient aux jeunes gens. Il déve-
loppe l'émulation, et, par le frottement, il façonne le
caractère. *Parpacé, 3 juillet 1864.* »

S'appliquant à lui-même ces principes, le baron de
Galembert mit ses fils chez les Jésuites d'Iseure : « J'ai
été enchanté de la tenue de cette maison. Les maîtres,
depuis le premier jusqu'au dernier, montrent une
bienveillance toute paternelle, une bonté, une affabi-
lité sans égale. Quand la pensée de Dieu est le seul
mobile et le seul but des actions de l'homme, comment
ces actions ne seraient-elles pas parfaites et ne porte-
raient-elles pas le cachet du dévouement absolu au
devoir ?... *Etteveaux, 15 octobre 1864.* »

M. de Galembert encourageait ses enfants au travail
et applaudissait à leurs succès : « N'étais-je pas un père
fier et heureux, quand, l'autre jour, je me promenais
dans les rues de Moulins, escorté de mes deux aînés,
dont l'un, Henri, portait la décoration de second en
excellence, et l'autre, Marie, la croix de première en
instruction religieuse ? »

Excellent musicien, élève de Scudo, il veut que tous

ses enfants apprennent la musique. Il se fait leur premier maître de piano et de chant, et écrit pour son fils aîné un traité complet d'enseignement musical, en tête duquel il place ces lignes : « Quelle que soit, mon cher enfant, la destinée que te réserve la Providence, continue l'étude de la musique ; n'en fais pas la principale occupation de ta vie, mais fais-en le délassement. Qu'elle soit le repos de ton travail et aussi sa récompense... La musique maintient l'âme et la pensée dans ce milieu sublime où conduit la culture des arts, et elle répand sur notre existence ici-bas comme un parfum du ciel... Lorsque, plus avancé dans la vie, tu reliras ce traité, tu penseras à mon dévouement, à mon affection ; et ton cœur reconnaissant appellera sur la tête blanchie de ton père, ou sur sa mémoire, les bénédictions de Dieu. »

A sa fille aînée, qui allait bientôt faire sa première communion, le baron de Galembert écrivait : « Il y a trente-cinq ans, ma chère enfant, que ton père devait comme toi recevoir son Dieu pour la première fois. J'ai retrouvé dans mes papiers une lettre que j'écrivais en cette circonstance à ma mère, ta bonne grand'mère. Je veux t'en transcrire quelques passages, pour te montrer les sentiments qui se pressaient dans mon cœur en ce grand jour de ma vie :

» *Ma chère maman, je t'écris à la veille d'une grande fête pour moi, la veille du jour où je vais recevoir mon Dieu dans le plus auguste des sacrements... Oui, c'est demain que je dois recevoir le créateur de l'univers et l'auteur de ma vie ; c'est demain qu'il daignera des-*

cendre dans mon âme et y apporter, je l'espère, toutes ses grâces les plus précieuses. Il viendra couvert d'un voile mystérieux et sera caché aux regards des pauvres mortels. Combien est douce la paix que retire l'âme de l'auguste Eucharistie! Qu'il est adorable et mérite d'être aimé, ce Dieu qui daigne ainsi se communiquer à sa créature.

» Je suis sûr que ces sentiments, que ton père éprouvait il y a trente-cinq ans, tu les éprouves aujourd'hui, au moins avec autant de force. Dis-toi bien, ma chère enfant, que ta première communion est le plus beau, le plus grand, le plus solennel acte de ta vie. Une première communion bien faite, c'est le gage assuré d'une existence vertueuse, et, par conséquent, du bonheur : car, en ce monde, il n'y a pas de bonheur sans vertu... Quand tu posséderas Dieu, tu seras toute puissante près de lui. Oh ! alors, mon enfant, prie-le de répandre ses grâces et ses bénédictions sur tous ceux que tu aimes, sur ta mère, ton père, ta grand'mère, tes frères, tes sœurs, toute ta famille. Ta prière sera certainement exaucée, car Dieu ne peut rien refuser à un cœur rempli de lui-même. »

II. Ainsi qu'on l'a pu voir par les pages précédentes, le baron de Galembert était avant tout un croyant : « Tout ce qui existe a pour cause Dieu ; il y a donc entre la créature et le créateur le rapport de l'effet à la cause. La créature est l'image du créateur, sa pâle reproduction, son reflet affaibli, autant que le fini peut être le reflet de l'infini. L'homme surtout, la plus belle, la plus parfaite des créatures après les purs esprits, est, après eux aussi, celle qui se rapproche le plus de Dieu par son principe intelligent, qui est à la ressemblance de l'intelligence divine elle-même... *Etteveaux. 12 avril* 1865.

» ... Ainsi le surnaturel explique la nature, et de l'ordre divin dérive l'ordre humain. L'unité est la loi suprême : elle existe non-seulement dans les rapports des choses créées entre elles, mais encore dans les rapports du créé et de l'incréé...

» L'immortalité de l'âme, la croyance aux peines et aux récompenses d'une autre vie, expliquent, justifient, aident à supporter patiemment et avec reconnaissance les peines et les misères d'ici-bas. Les épreuves nous servent à la fois d'expiation du passé et de préservatif pour l'avenir. Pascal a dit avec un grand sens : *Presque toujours ce que nous regardons comme un bien est un mal, ce que nous regardons comme un mal est un bien.* L'Église ne cesse de répéter que la voie de la croix est le seul chemin du ciel. *Blois,* 28 *mai* 1860.

» Tout, ici-bas, a une cause et tend à une fin par un moyen. L'homme seul ferait-il exception à cette loi générale ? qui oserait le soutenir ? La cause et la fin de l'homme, c'est Dieu ; et le moyen, pour l'homme, de tendre à sa fin suprême, c'est la religion que Dieu lui a révélée. *Etteveaux, 10 janvier* 1862. »

Cette religion donnait au baron de Galembert de

saintes émotions : « Aujourd'hui, mercredi saint, jour où j'ai fait mes pâques à l'église de Poil, il m'arriva qu'après la communion, tout à coup mes yeux se remplirent de larmes, et j'eus l'âme comme inondée de délices célestes. Je n'avais jamais ressenti d'une manière aussi marquée l'effet de la présence de Dieu en moi. 19 *mars* 1856. »

La religion lui donnait aussi force et courage : « Les afflictions, les peines, les troubles de l'âme, les contrariétés, les tourments de la vie en un mot, sont les moyens les plus puissants dont se sert Dieu pour nous faire entendre sa voix. Dans la prospérité, nous sommes presque toujours sourds à sa divine parole ; mais, dans le malheur, nous nous tournons instinctivement vers lui : car le malheur a besoin d'un ami, et quel meilleur ami pourrions-nous trouver que notre créateur, notre rédempteur, notre père, notre Dieu ?... *Ettereaux*, 27 *mai* 1866. »

La confession lui semble à tout point de vue une institution admirable : « Rencontrer un ami désintéressé, discret, éclairé, lisant intérieurement dans votre cœur, vous dirigeant par ses conseils, vous aidant à marcher dans la vie, c'est trouver un inappréciable trésor. Mais que sera-ce, si on considère la confession sous son côté surnaturel : si, dans cet ami, on voit le prêtre, ministre et représentant de Dieu sur la terre, investi par la Divinité même du souverain pouvoir d'absoudre et de pardonner, suivant ces authentiques et positives paroles de l'Évangile : *Je vous donnerai les clés du royaume des cieux... : tout ce que vous retien-*

drez sur la terre sera retenu dans le ciel ; tout ce que vous délierez sur la terre sera délié dans le ciel...: 28 mars 1869. »

C'est aussi un frein nécessaire : « Nous avons une tendance naturelle. instinctive. à rendre les autres responsables de nos propres fautes. Nous sommes coupables ; mais notre orgueil fait que nous ne nous l'avouons pas, et que nous chargeons autrui de notre culpabilité. La confession. qui nous met dans la bouche et surtout dans le cœur ces mots : *C'est ma faute.* est le grand et seul remède à cette plaie de l'humanité. La confession abaisse notre orgueil et nous fait déclarer notre responsabilité. *9 mars 1866.* »

Chez le baron de Galembert, l'esprit et le caractère étaient à hauteur de la foi : « C'est le caractère qui fait la puissance morale de l'homme. L'esprit le plus fort est celui qui est le plus capable d'idées générales... Dominer l'ensemble des faits et des choses, ramener leurs rapports à l'unité est le plus grand rapprochement possible de l'intelligence humaine à l'intelligence divine, qui, d'un seul coup d'œil. embrasse tout ce qui existe, dans sa propre et absolue unité. *Ettereaux. 25 avril 1860.* »

Il connaissait le prix du temps : « Visites courtes. lettres de même, recette bonne à pratiquer par quiconque veut entretenir ses relations de société et d'affaires. chose utile. et ménager son temps. chose plus utile encore. *Blois. 25 avril 1865.* »

M. de Chateaubriand dit quelque part : « Si je pouvais croire au bonheur. je le placerais dans l'habitude, l'uniforme habitude, qui lie le jour au jour et rend presque insensible la transition d'une heure à l'autre, d'une chose à une autre chose. Il y a repos dans cette vie mesurée, dans cet arrangement, dans cet enchaînement de devoirs, d'études, de chants, de prières, de délassements que s'imposent les religieux, qui leur reviennent successivement comme les anneaux d'une chaîne tournante. Ils n'attendent pas ou ils savent ce qu'ils attendent, ces hommes d'habitude, et voilà l'agitation, le *chercher* de moins pour ces âmes. » Le baron de Galembert emprunte ces lignes à l'un de ses auteurs favoris, et les juge « de la plus exacte vérité, parce que la vie réglée par une occupation précise, par un but, est la plus heureuse. La règle empêche l'inquiétude, qui est le grand tourment de l'homme. *Parpacé, 5 juillet 1864.* »

III. L'homme qui aime à vivre de la vie intellectuelle a une société choisie qu'il ne délaisse jamais ; il y trouve des amis dont le commerce est pour lui le plus agréable passe-temps. Cette société, ces amis, ce sont les livres.

Le baron de Galembert lisait beaucoup et prenait note de toutes ses lectures. Après avoir lu le livre de Victor Cousin : *Du vrai, du beau et du bien,* il écrit : « Quelle profondeur de pensées, quelle puissance de déduction, quelle richesse, quelle précision de style! M. Cousin est à la fois un philosophe et un écrivain de premier ordre. Je lui ferai cependant, sous le premier rapport, un reproche : celui de séparer la raison de la foi, la philosophie de la religion. On a beau, par une série de considérations savamment enchaînées, arriver à l'idée de Dieu; il n'en est pas moins vrai qu'à notre insu la révélation chrétienne agit sur notre raisonnement, et que c'est elle qui, éclairant l'entendement, lui donne une notion aussi complète que possible, vu notre nature bornée, de Dieu, de la vérité, de la beauté, de la bonté, qui résident en lui... La raison, dans l'antiquité, était abandonnée à elle-même; et, à part quelques esprits éclairés par un reflet de la tradition biblique, on sait où les intelligences en étaient arrivées en fait d'idées de Dieu. Sans le christianisme, où en serait notre philosophie, notre psychologie, notre morale ? Où en seraient la société domestique et la société civile ?... J'aurais donc désiré que M. Cousin ne reléguât pas la religion en un lieu dont il semble regarder l'accès comme interdit à la philosophie. Je voudrais que sa doctrine, inspirée par le spiritualisme, fût plus chrétienne et ne fît pas abstraction à ce point de la vérité révélée... 1er *décembre 1854.* »

C'est ensuite l'*Histoire du consulat et de l'empire*, de M. Thiers, dont chaque volume est analysé et apprécié : « Dans ce volume (le 18me), M. Thiers est généralement aussi impartial que le récit d'événements encore si rapprochés peut permettre à un historien de l'être. S'il n'a pas pris une part directe à ces événements, il a joué du moins un rôle actif dans leurs conséquences immédiates et presque contemporaines. Sachons-lui donc gré de s'être mis, la plupart du temps, au-dessus des préoccupations de parti... Mais je me plais surtout à rendre hommage à son style clair, précis, toujours coulant sans familiarité, noble sans emphase. C'est bien là le style de l'histoire, qui doit tenir le milieu entre le style des mémoires et celui de l'épopée. Comme un peintre habile, M. Thiers retrace des épisodes nombreux et variés, qu'il relie entre eux avec un art incomparable, sans jamais perdre de vue l'unité du tableau. *Parpacé*, 17 *août* 1861. »

Dans ses notes, le baron de Galembert cite de nombreux extraits de Capefigue, de Guizot, d'Amédée de Beauchêne ; il juge, comme il convient, le monument élevé par ce dernier à la mémoire de Louis XVII : « Les pages de ce livre sont d'un intérêt soutenu ; on sent que chaque ligne est écrite par le cœur, par la *conscience* d'un homme de bien ; le style est, d'ailleurs, plein de charme, de simplicité, de distinction. M. de Beauchêne montre dans leur effroyable nudité les forfaits d'une époque déshonorante pour notre histoire ; son ouvrage est une protestation contre les actes des hommes qui cherchent à réhabiliter les choses et les héros de la Terreur. Le crime, quel qu'en soit le mobile, est toujours le crime ; il ne saurait être excusé ni justifié..... L'historien des Girondins a tenté de dresser un piédestal aux premiers acteurs du drame révolutionnaire ; il a été jusqu'à tresser des couronnes de fleurs aux têtes hideuses de Danton, de Marat, de

Robespierre... Au nom de l'idée du bien et du mal, si étrangement méconnue, il fallait une protestation. *Ettereaux, 12 mars 1854.* »

Vers ce temps, il lit le Tasse et trouve « qu'on pourrait tirer de la *Jérusalem délivrée* le sujet d'un magnifique tableau : « Ce serait le moment où Godefroy de Bouillon, électrisé par la vision de saint Michel et des légions célestes qui lui apparaissent soudain combattant pour les croisés, saisit des mains de son porte-étendard l'enseigne sacrée du Christ et s'élance pour l'arborer aux murailles de Jérusalem. Soliman lui dispute le passage et s'enfuit à la vue de Renaud... Godefroy plante alors au haut des remparts la sainte bannière :

> » ..... e della santa
> Croce il vessillo in su le mura pianta.
> La vincitrice insegna in mille giri
> Alteramente si rivolge intorno:
> E par che 'n lei più riverente spiri
> L'aura, e che splenda in lei più chiaro il giorno:
> Ch'ogni dardo, ogni stral che 'n lei si tiri,
> O la declini, o faccia indi ritorno:
> Par che Sion, par che l'opposto monte
> Lieto l'adori e inchini a lei la fronte. »

Joseph de Maistre fait sa conquête par le livre : *Du Pape* : « Il faut le lire tout entier et le relire souvent. Il n'y a guère d'ouvrage où l'on rencontre plus de grandeur, plus d'élévation dans les idées, plus de fermeté, plus de largeur dans les vues d'ensemble. *Ettereaux, 26 août 1857.* »

M. de Galembert mène de front Pascal, Chateaubriand, Fénelon, M. de Tocqueville. Il parle ainsi de l'opuscule de Michelet sur *l'Amour*: « Ce livre est à sa troisième édition. Je ne puis m'expliquer ce succès que par l'excentricité de l'ouvrage fait pour plaire à une société blasée.

» ... La grande erreur de Michelet est qu'il prétend réformer l'amour par l'amour même, délivré de tout frein, affranchi de toute loi supérieure. L'amour se suffire à lui-même, se régler lui-même, s'élever à la perfection par lui-même ? Quelle folie ! L'amour vraiment digne de ce nom ne peut vivre que lié à l'idée du devoir. *Etteveaux*, 1er *avril* 1859. »

Entre tous, un livre le captive : la *Divine Comédie* du Dante. Il met plus de deux années à l'étudier ; il y revient souvent ; il en étudie successivement toutes les parties, comme on détaille les nefs et les chapelles d'une cathédrale. Cette lecture achevée, il écrit : « J'ai suivi le poète dans son long voyage, depuis les profondeurs infernales jusqu'aux sphères éthérées du ciel. Production merveilleuse, bien qu'étrange parfois, d'un génie sublime ! Conception immense, dont la grandeur frappe la pensée de stupeur et dont les beautés d'ensemble font oublier la bizarrerie, la subtilité, la trivialité même de certains détails !...

» La *Divine Comédie*, œuvre du commencement du quatorzième siècle, termine, pour ainsi dire, le Moyen-Age et annonce la nouvelle période qui va bientôt s'ouvrir pour l'esprit humain. Elle fixe la langue et la poésie italienne ; c'est le soleil qui chasse la nuit et apporte avec lui toutes les clartés du jour.....

» Les malheurs du Dante, sa vie errante, agitée, sa mort si loin de son berceau entourent son front d'une lumineuse auréole et mettent à sa couronne un dernier fleuron. Quand j'ai visité à Ravenne le tombeau du poëte, en saluant son image qui domine le monument, je me rappelai ces vers :

> *Tu proverai siccome sa di sale*
> *Lo pane altrui, e com'è duro calle*
> *Lo scendere e 'l salir per l'altrui scale.*

Ils résument bien cette existence tourmentée.....
Ettereaux, 15 *mars* 1864. »

Dans cette énumération des auteurs préférés, il faut s'arrêter. La liste en est longue : de Bonald y coudoie Montesquieu ; La Bruyère s'y trouve avec L. Veuillot, Guizot, Le Play, Mgr Dupanloup. Cicéron lui-même, parmi les anciens, est apprécié ; son traité *De la Vieillesse* est spécialement goûté.

En même temps qu'il entretient un commerce assidu avec de tels écrivains, le baron de Galembert se laisse charmer par la lecture de deux simples ouvrages : les *Lettres* d'Eugénie de Guérin et le *Récit d'une sœur*, de Madame Aug. Craven :

« La mort prématurée de Maurice de Guérin est un attrait de plus ajouté à sa destinée. On pleure sur ce jeune homme impitoyablement frappé au moment où le bonheur semblait lui sourire, au moment où une union enviable sous tous rapports, venait offrir un refuge tranquille à ses jours tourmentés !... Telle fut donc la

physionomie intime de Maurice de Guérin, physionomie attachante par les dons de l'esprit et de l'âme dont
Dieu l'avait comblé, par le cachet de délicatesse, de
modestie empreint sur cette nature d'élite. Il appartient à la douce race des rêveurs, êtres épris d'idéal et
souvent incompris, que froisse et finit par tuer le contact avec la réalité des choses...

» Eugénie de Guérin, elle aussi, était richement
douée par la nature : son intelligence égalait, sinon
surpassait celle de son frère; elle l'avait nourrie par la
lecture, la réflexion, la retraite, la plus solide piété.
Eugénie de Guérin est le type de l'héroïne chrétienne,
de la femme forte de l'Évangile; elle est la contre-partie
du type de la femme libre, cette hideuse invention du so-
cialisme contemporain. Eugénie réunit à la fois Marthe
et Marie... L'accomplissement de tous les devoirs, les occupations les plus vulgaires, loin d'abaisser la femme, la
rehaussent aux yeux des hommes et aux yeux de Dieu...

» Touchant exemple de l'amour fraternel! Eugénie et
Maurice! noms indissolublement unis désormais; vies
qui se pénètrent, et, en se pénétrant, s'éclairent de
mutuels reflets; êtres inséparables aux yeux de la postérité, comme ils l'ont été sur la terre!... *Parpacé,
2 août* 1864. »

A trois ans de là, M. de Galembert retrouvait la
même émotion en lisant le *Récit d'une sœur* : « Je n'ai
pu retenir mes larmes en lisant aujourd'hui la mort
de ce pauvre Albert enlevé si vite à Alexandrine, qui
l'aimait tant... Ce livre est édifiant comme un ouvrage de dévotion. 17 *août* 1867.

» ... Nos enfants atteignent le nombre de ceux de M. de la Ferronnays. Y aura-t-il parmi nos fils un Albert et parmi nos filles une Pauline ? Le sort de ces êtres privilégiés, riches par l'esprit et par le cœur, est-il enviable, ou est-il à craindre pour l'âme d'un père et d'une mère ? La réflexion suivante, qui me vient à l'esprit à l'occasion du *Récit d'une sœur*, sera la réponse à cette question : Si l'on pouvait supprimer chez l'homme l'imagination et le cœur, on supprimerait la source d'un grand nombre de ses maux ; mais, alors, l'homme ne serait plus l'homme... *Néris*, 22 *août* 1867.

» J'ai fini le *Récit d'une sœur*. C'est un des livres les plus attachants qu'il m'ait été donné de lire, un de ceux qui vont le mieux à ma nature. Que d'attraits en cette âme d'Alexandrine qui, du plus grand amour que l'on puisse ressentir ici-bas, passe à cet amour surnaturel devant lequel tous les autres pâlissent... Ces pages vous élèvent, vous tiennent constamment dans une atmosphère pure et sereine. On se sent porté au-dessus des misères et des vulgarités de la vie... Je voudrais pouvoir aller un jour au cimetière de Boury, m'agenouiller sur la tombe où reposent unis Alexandrine et Albert. *Etteveaux*. 26 *septembre* 1867. »

IV. Le baron de Galembert estime comme Mgr Dupanloup « que, l'homme étant un être sociable, la famille, la commune, la nation, l'humanité sont des ensembles avec lesquels chaque homme a des relations indispensables. » De là résulte la loi de solidarité, sorte de responsabilité collective : « L'accomplissement du devoir est non-seulement le bien réel de l'individu, puisqu'il le conduit à la récompense, mais le bien réel de la société, à laquelle, pour vivre, la variété des missions est nécessaire. 24 *août* 1867. »

Malheureusement, ces obligations sont bien méconnues aujourd'hui : « Depuis la Révolution, l'égoïsme a tout envahi, aussi bien la société que l'individu. Celui-ci rapporte tout à lui, tout à ses jouissances présentes ; celle-là ne vit, n'agit que pour l'actualité. Il semble qu'il n'y ait ni passé, ni avenir. Aucun lien ne rattache les hommes aux temps qui ne sont plus, ni à ceux qui ne sont pas encore. *Parpacé, 5 novembre* 1861.

» L'inégalité est la loi suprême de toute chose, de toute institution ici-bas ; elle est dans la nature, elle est dans l'homme, elle est la condition même de l'existence sociale. Il y a plus de brins d'herbe que de grands arbres, et, dans une armée, plus de soldats que de chefs. Mais le brin d'herbe a son utilité comme le grand arbre a la sienne : ils concourent l'un et l'autre à la puissance de la nature.

» Les soldats sont nécessaires aux chefs et les chefs le sont aux soldats, pour constituer la force d'une armée. Ainsi va-t-il de la société. Il faut des petits, il faut des grands pour assurer sa vie : beaucoup plus de petits que de grands. Les uns et les autres ont des devoirs à remplir. De leur harmonie résulte la force, la grandeur de l'ensemble. 14 *juin* 1872.

» La passion de l'égalité n'est au fond que la passion de soi-même.» Aussi peu s'en tiennent-ils là. « La plupart des hommes veulent être au-dessus des autres, mais ils ne supportent pas que les autres soient au-dessus d'eux. 9 *octobre* 1872. »

Le baron de Galembert écrivait encore : « Ceux qui parlent le plus des droits sont ceux qui pensent le moins aux devoirs. » Tel n'était point son cas. Il connaissait ses devoirs et il les remplissait, quelque modestes ou pénibles qu'ils fussent, sans songer à user d'aucun droit pour s'en dispenser.

Il habite la campagne, s'y adonne à l'agriculture, et signale ainsi les tristes conséquences de l'*absentéisme* des grands propriétaires: « Que devient la noblesse au milieu des villes? Elle languit, s'étiole, s'abâtardit; il lui faut, pour ne pas dégénérer, la vie des camps ou la vie des champs. Un noble, quand il ne peut payer à sa patrie l'impôt du sang, doit payer, au sol même et aux populations qui le travaillent, l'impôt du dévouement personnel et de la vertu. L'exemple venu d'en haut porte infailliblement ses fruits. C'est de la tête que part l'impulsion, bonne ou mauvaise, donnée au reste du corps. Notre noblesse française perdit son influence, sa considération, sa puissance, parce qu'elle déserta ses châteaux pour les villes et la cour. Elle ne recouvrera sa force, son prestige (chose essentielle, à mes yeux, à la marche régulière de toute société), qu'en retournant au sol si malheureusement abandonné par elle, et en y modelant sa vie sur la vie de ses aïeux [1]. »

M. de Galembert goûte peu le suffrage universel, du moins tel qu'il est pratiqué actuellement : « Triste chose à voir que le suffrage universel abandonné à lui-même ! Un candidat triomphe à force d'argent, de libations, de promesses fallacieuses... Telle commune qui, il y a cinq mois, votait pour un député radical, délaisse cette fois le candidat radical et donne ses voix à un candidat bonapartiste... O suffrage universel, que tu as été bien nommé le mensonge universel ! *Etteveaux, 22 mai* 1874. »

Après avoir puissamment contribué à la fondation de la commune de Poil, le baron de Galembert en fut le premier maire et l'administra pendant dix-neuf ans. Convaincu « qu'un bon maire peut faire beaucoup de bien, un mauvais maire beaucoup de mal, » il se consacra tout entier à ces humbles fonctions, si ingrates en soi, si antipathiques, par le genre de travail qu'elles entraînent, à sa nature et à son tempérament d'artiste. Mais il trouvait que tout ce qui mérite d'être fait, mérite d'être bien fait : « Un devoir, et surtout un devoir public veut toujours être rempli avec conscience ; il faut y mettre tout son dévouement, y employer toutes ses forces physiques et morales. Ce n'est qu'à cette condition qu'on est un véritable homme public. »

La question financière lui semble, pour un maire, ce qu'il y a de plus épineux : « Les communes n'ont d'autres revenus que l'impôt, et on ne peut pas, on ne

---

1. *Souvenirs d'un voyage en Sicile*, p. 10.

doit pas charger outre mesure les contribuables. L'embarras est souvent bien grand pour équilibrer le budget. Après beaucoup d'études, de tàtonnements, j'y suis parvenu cette année. Mais que de fatigues! *Etteveaux*, 11 *mai* 1875. »

Il déplore la centralisation, soit administrative, soit gouvernementale. Il en signale surtout les dangers : « La centralisation est le plus grand instrument de despotisme. Dans le temps présent, il suffit d'un fil télégraphique, partant du cabinet du ministre de l'Intérieur, pour faire obéir une masse de fonctionnaires, et d'un autre fil, partant du cabinet du ministre de la Guerre, pour faire marcher une armée de quatre à cinq cent mille hommes. Si c'est là une cause de sécurité pour le dehors, ce n'est pas une garantie pour la liberté intérieure...

» La résistance aux envahissements du pouvoir n'est plus possible dans une nation individualisée comme l'est la nation française. Sous l'ancien régime, le pouvoir avait à compter avec la résistance de corps organisés et puissants : la noblesse, le clergé, les parlements, etc. Aujourd'hui, on a fait table rase de toutes ces institutions... Dans ma conviction, à raison de l'individualisme de la société et de la merveilleuse facilité avec laquelle on peut, grâce à la rapidité des communications, faire mouvoir les ressorts gouvernementaux, il y a, pour les pouvoirs de nos jours, les éléments d'un despotisme plus absolu que ne le furent jamais ceux qu'on vit dans le monde. Ce despotisme n'emploierait pas les moyens violents : il arriverait à son but d'asservissement sans aucune secousse, uniquement par son adresse à se laisser glisser sur la pente douce de la centralisation. *Etteveaux, 28 avril* 1865. »

A cette cause d'asservissement s'en joint une autre non moins puissante, l'absence de convictions enracinées : « On a trop perdu, de notre temps, cette grande loi du respect des principes, depuis qu'on n'envisage plus la souveraineté qu'au point de vue des personnes. »

Le baron de Galembert pense donc que le retour à un système gouvernemental reposant, non sur des individualités, mais sur des principes, est pour le pays le seul moyen de reprendre son rang à la tête des nations. Entre les principes il n'hésite pas : « Le principe héréditaire a duré quatorze siècles ; il a fait et conservé la France ; il représente surtout l'ordre et la stabilité, mais il peut donner la liberté, et il l'a donnée. »

CHAPITRE III

1854-1862

Les extraits précédents nous ont montré ce qu'était,
chez le baron de Galembert, le père, le croyant,
l'homme, le citoyen; ils nous ont fait voir aussi de
quelle façon élevée, sous tous ces points de vue, il
comprenait ses devoirs et les pratiquait. Nous allons
reprendre maintenant le cours des notes intimes, telles
qu'elles se présentent dans les douze cahiers dont ces
pages sont la reproduction.

I. Le baron de Galembert acclame avec tous les
catholiques le dogme de l'Immaculée Conception :
« Le 8 décembre 1854, dans la basilique de Saint-

Pierre, Pie IX, entouré de toute sa cour et de plus de trois cents prélats, tant cardinaux qu'archevêques et évêques, venus de tous les points de la terre, lut lui-même le solennel décret par lequel, après avoir pris l'avis de l'Église, il déclare : *qu'il est de dogme que la bienheureuse Vierge Marie, dès le premier moment de sa conception, a été préservée de la tache du péché originel.* Toute la catholicité a accueilli ce décret avec des transports d'allégresse, et partout on célèbre le privilège et le triomphe de Marie. »

La guerre de Crimée découvre à sa pensée de tristes horizons : « Ainsi cette expédition de Crimée ne m'apparaît que comme un nuage bien sombre, qui ne peut faire tomber que d'affreuses tempêtes sur la France. On a beau changer de généraux, remplacer Canrobert par Pélissier, la situation ne s'améliore pas : nos soldats, nos officiers succombent, nos finances se grèvent d'énormes emprunts. On a beau embellir Paris par des constructions gigantesques et merveilleuses ; on a beau offrir aux étrangers, dans une exposition universelle, toutes les apparences d'une prospérité extraordinaire ; on a beau se parer des dehors de la tranquillité et de la paix à l'intérieur, quand le canon gronde sur les rivages de la mer Noire : tout cela ne fait pas illusion à l'œil de quiconque réfléchit. Il aperçoit sans peine qu'on jette le sang et les finances de la France dans un gouffre sans fond, dont il semble qu'on ne tente même pas de sonder la profondeur, de peur du vertige !..... Voilà donc la situation : une guerre européenne et des mouvements insurrectionnels parmi les anciennes nationalités hongroise, polonaise, italienne! Serait-ce la fin pour l'empire ottoman, et le moment fatal du partage, si longtemps ajourné, est-il enfin venu? 16 *juillet* 1855...

» La grande question à résoudre est autre que la limitation de la puissance russe; c'est le partage de l'empire ottoman arrivé à la décrépitude et à la décadence. Là gisent toutes les difficultés, là sont tous les écueils. 13 *septembre* 1855. »

On est aux derniers jours de l'année : « Pour l'année qui finit, que de grâces à rendre à Dieu ; pour celle qui commence, que de prières à lui adresser! Je dois le remercier d'avoir étendu sa main protectrice sur la famille dont je suis le chef et dont je suis destiné à être l'appui. Je dois lui demander de me continuer ses faveurs et de me rendre capable de remplir les devoirs auxquels il m'appelle. Notre avenir est entre ses mains; ce sont celles d'un père. Abandonnons-nous donc à lui avec amour et confiance... *Etteveaux*, 31 *décembre* 1855. »

La comtesse de Galembert, qui avait fait un séjour à Etteveaux, doit retourner chez elle. Ce départ attriste pour son fils les débuts de 1856 : « Quand on quitte un être tendrement aimé, ce qui jette le plus d'amertume sur nos adieux, c'est que ces adieux peuvent être les derniers; tant est grande pour l'homme l'incertitude du lendemain! Lorsque arrive le moment de la séparation avec ma bonne mère, cette triste pensée me poursuit et m'accable... Vous veillerez sur ses jours, Dieu puissant! Vous me le devez d'autant plus que je ne puis entourer de mes soins sa vieillesse ; la distance qui nous sépare est si grande!... Et pourtant nos cœurs étaient si bien faits pour se comprendre et pour verser l'un dans l'autre toutes leurs joies, toutes leurs peines!... Pourquoi la Providence m'a-t-elle éloigné d'elle? Lorsque je vois un fils ou une fille prodiguer leurs caresses à leur mère, je suis envieux de leur bonheur. *Etteveaux*, 11 *janvier* 1856. »

Quelques mois plus tard, le baron de Galembert va rejoindre sa mère. En Anjou, comme ailleurs, il suit les événements du pays et de l'Europe. Le traité de Paris (30 mars 1856) est signé : « Ce traité, qui, en définitive, n'a rien d'humiliant pour la Russie, défendra-t-il pour longtemps l'empire turc de ses atteintes? Je ne le pense pas. Pour cela, il faudrait que l'entente entre les puissances signataires se continuât longtemps, ce qui n'est guère probable, ou que l'empire du sultan eût une vitalité qui lui fait totalement défaut. Il tombe en ruine, et il faudra bien que, tôt ou tard, on mette quelque chose à sa place, ou que les puissances voisines s'en partagent les lambeaux. C'est là une cause de guerre pour l'avenir.

» Une autre cause de guerre, celle-là à bref délai, peut venir du mémoire adressé au congrès par les plénipotentiaires sardes, sur la situation de l'Italie. Ce mémoire, il est vrai, n'a pas été pris en considération, par la bonne raison que le congrès n'avait de mission que pour la question orientale. Mais, dirigé contre la puissance autrichienne en Italie, contre le gouvernement temporel du pape et contre celui du roi de

Naples, il ne peut manquer d'avoir de fâcheux échos dans la péninsule, où il réveillera les passions révolutionnaires et forcera les puissances à intervenir. De ce côté, je le répète, c'est la guerre à bref délai...

» Peu de jours avant la conclusion de la paix, est né un enfant impérial. Cette naissance consolidera-t-elle la dynastie napoléonienne mieux que ne le fit autrefois celle du roi de Rome? *Tours, 12 mai 1856.*

» A quoi ont servi la guerre de Crimée, la prise de Sébastopol? à diminuer la prépondérance de la Russie? non; à fortifier l'empire ottoman? nullement, car de plus en plus cet empire menace ruine. Il ne reste debout que parce que les puissances de l'Europe le soutiennent et l'étayent. Sans cela, il s'écroulerait... Et pourquoi soutient-on cet édifice vermoulu? parce que chacun en convoite une bonne part et ne veut pas que son voisin ait la sienne...

» Le sultan n'est plus obéi: les mahométans regardent l'alliance avec les puissances chrétiennes comme odieuse, infâme, impie. On assassine des consuls à Djeddah, près de la Mecque: on égorge les chrétiens de Candie, de Bosnie, de l'Herzégovine. L'autorité du sultan n'y peut rien. L'Europe sera forcée d'intervenir pour que dix millions de chrétiens ne soient pas plus longtemps opprimés par quatre millions de Turcs. Une telle monstruosité a déjà trop duré à la honte de l'Occident. *Parpacé, 2 août 1858.* »

II. Dès 1856, le baron de Galembert avait prévu la guerre ; il fut cependant effrayé par les préambules de la lutte franco-autrichienne : « Depuis 1815, c'est-à-dire depuis 44 ans, l'Europe n'avait pas été ébranlée par la guerre, sauf par l'expédition de Crimée, qui s'est réduite à la prise de Sébastopol et n'a pas eu les proportions d'une conflagration générale. Mais ce printemps de 1859 s'ouvre avec une guerre commencée et la perspective d'un embrasement complet de l'Europe...

» Napoléon III, soit pour aider la révolution à faire l'unité italienne, soit dans un but d'ambition pour lui ou les siens, soit pour occuper par la guerre les esprits en France, s'est constitué l'allié du Piémont. Je conçois parfaitement ce que le Piémont a à gagner dans cette guerre, mais je ne vois pas ce que peut y gagner la France.

» J'admets que nous soyons vainqueurs ; que ferons-nous ? Ne serons-nous pas débordés par les révolutionnaires, qui combattent avec nous en Piémont, et qui, là comme en France, se réjouissent de voir les nuages assombrir l'horizon ? Puis l'Allemagne, émue déjà, ne va-t-elle pas se mêler à la lutte ? Ne voudra-t-elle pas, d'une façon ou de l'autre, intervenir dans le règlement de cette question d'ordre européen ? Quand on envisage les conséquences possibles de cet embrasement général, la pensée frémit épouvantée. *Elleveaux*, 24 *mai* 1859. »

La guerre est finie, mais la question italienne n'est pas tranchée : « Cette question s'annonce comme devant amener de fatales complications. Malheur à qui touche au pape ! On semble avoir oublié les exemples récents du commencement de ce siècle ; on laisse toute liberté à la presse révolutionnaire qui bat en brèche le trône de saint Pierre, et l'on sévit contre les journaux religieux qui le défendent. On contracte une alliance intime avec l'Angleterre, qui ne demande que l'anéantissement de la papauté. O pauvre France, fille aînée de l'Église, vers quel abîme t'entraîne-t-on ? *Elleveaux*, 29 *janvier* 1860.

» Il n'y a plus de doute possible, la politique impériale est bien la consécration de la spoliation du pouvoir temporel. Une lettre datée du 31 décembre, adressée par l'empereur au Saint-Père, lui demande de donner raison, par une renonciation, à l'insurrection des Romagnes. Une encyclique du Saint-Père, admirable par son énergie, sa logique, sa noblesse, a été la réponse à la lettre de Napoléon. La situation s'aggrave donc en devenant plus nette : d'un côté, le droit, l'idée morale, l'autorité, la tradition, la vérité ; de l'autre, la force, la matière, l'insurrection, les nouveautés dangereuses, l'erreur.

» Comme l'a fort bien dit M. de Broglie, la France qui, par la guerre entreprise, est la cause de ces perturbations, la France, puissante nation catholique, ne peut rester neutre dans une question de cette nature. Son *laissez-faire* sera regardé par l'histoire et la postérité comme une complicité. *7 février* 1860. »

Si la politique impériale semble néfaste à l'extérieur, le baron de Galembert remarque qu'au dedans elle tend à enserrer de plus en plus le pays dans les réseaux de la centralisation administrative : « La révolution de 1789 fut faite au nom de la liberté, et toutes les lois, toute l'organisation qui date de cette époque, arrivent fatalement à anéantir la liberté! 71 ans après le début de la révolution, toutes les libertés communales, provinciales, législatives, sont complètement absorbées par l'État. Le rêve des socialistes devient chaque jour une réalité. Ne pourrons-nous donc jamais arriver à un état politique et social qui concilie ces deux choses : autorité et liberté? *Blois*, 31 *mai* 1860. »

Vers cette époque, le baron de Galembert visite Chambord : « Vieux château aux cours désertes, aux grandes salles inhabitées, aux galeries veuves de la pompe des cours, tu t'harmonises avec l'exil et le malheur du royal maître que tu ne connais pas. J'aime ton parc solitaire, tes landes incultes, tes sapins, arbres de deuil. L'église du village, la demeure du pasteur et celle des saintes filles qui se dévouent à l'enseignement de l'enfance, s'élèvent seules, brillantes et parées, près de tes ruines. C'est que l'amour de la religion et du pauvre tient la première place dans le cœur de l'illustre descendant de saint Louis. *Chambord,* 9 *juin* 1860. »

III. La révolution marche toujours en Italie. M. de
Galembert prévoit le but que se proposent les unitai-
res italiens : « Ils veulent Rome et l'anéantissement de
la papauté. » Il pense qu'après l'expédition de Gari-
baldi en Sicile, Naples et les États Romains auront
leur tour : « Que pourra opposer Lamoricière, malgré
son dévouement chevaleresque à la cause du Saint-
Père, malgré son génie d'organisation militaire, malgré
sa bravoure, à cette conspiration de l'impiété ? » Heu-
reusement que : « l'Église s'appuie sur la parole éternelle, lui assurant que les forces de l'enfer ne prévau-
dront jamais contre elle. *Blois, 10 juin 1860.* »

La politique du *laissez-faire* le rend prophète : « Le
même fait qui a porté au trône, en renverse souvent.
Qui s'élève par la victoire ou par l'insurrection, tom-
bera par la défaite ou par l'émeute. Si le suffrage du
peuple peut donner une couronne, le même suffrage
n'a-t-il pas le droit de l'ôter ? *29 juin 1860.* » Sedan
et le 4 septembre ne sont-ils pas tout entiers dans ces
lignes ?

La nouvelle de Castelfidardo arrive, le masque est
levé : « Sans attendre la réponse à l'ultimatum envoyé
au Saint-Père, les troupes piémontaises ont envahi les
Marches et l'Ombrie. Lamoricière et Pimodan sont
accourus avec une poignée de braves, pour arrêter les

soldats de Victor-Emmanuel. Un contre dix, ces nouveaux croisés n'ont pas hésité à affronter les masses piémontaises à Castelfidardo. Après des prodiges de valeur, le général de Pimodan et beaucoup de jeunes gens, élite de la noblesse française, sont tombés martyrs de leur dévouement à la plus sainte des causes...

» L'Europe assiste impassible à cette violation du droit des gens et de tous les traités. La France a ses soldats à Rome, et ils voient, l'arme au bras, tant d'indignités ! Oh ! la justice divine aura son tour ! Le sang des nobles victimes de Castelfidardo crie vengeance au ciel.

» La ferme sérénité de Pie IX, au milieu de tant de tribulations, offre un spectacle admirable, qui ne console point du présent, mais empêche tout au moins de désespérer de l'avenir. *Etteveaux, 13 octobre* 1860. »

A l'automne de 1860, un grand vide se fait dans les plus anciennes affections du baron de Galembert : « Le saint évêque de Nevers, Mgr Dufêtre, vient de mourir, victime de son zèle apostolique et d'une passion du bien qui ne savait point se contenir. Il a paru devant Dieu les mains pleines de bonnes œuvres. Sa mort est un sujet de vive affliction pour moi, dont il était depuis l'enfance le maître et l'ami. Il avait connu et aimé mon père, et a toujours été le conseil de ma mère. *Etteveaux, 10 novembre* 1860. »

La capitulation de Gaëte ramène le baron de Galembert à la politique : « Cette capitulation n'enlève rien à la gloire dont s'est couvert ce monarque de vingt-trois ans ; entré dans Gaëte enfant, comme on l'a dit, il en est sorti un héros[1]. Ces événements sont une honte pour l'Europe, qui a laissé, au mépris de tous les droits, commettre ce dernier attentat. C'en est fait. La révolution marche enseignes déployées ; elle fera expier, tôt ou tard, aux rois et aux empereurs l'indignité de leur conduite. L'égoïsme politique, représenté par la non-intervention, sera châtié. *Etteveaux, 7 mars* 1861.

» L'expiation commence. La justice divine s'avance lente, mais sûre. Déjà M. de Cavour a été frappé par la main de Dieu, au moment où tout semblait sourire à ce ministre habile, mais si grandement coupable, pour réaliser son rêve de l'unité italienne. Il est mort dans ce mois de juin qui vit, il y a deux ans, s'ouvrir la campagne d'Italie. *La Brosse, 5 juillet* 1861. »

Un an après, le baron de Galembert se réjouit des fêtes de Rome : « Quel admirable spectacle offre Rome aujourd'hui ! 400 cardinaux, archevêques et évêques, répondant à l'appel du Souverain Pontife, se trouvent le 8 juin, fête de la Pentecôte, en la ville éternelle et se pressent autour de Pie IX. Ils sont venus de tous les coins de la terre, pour assister à la canonisation des vingt-trois martyrs japonais, mais en même temps et surtout pour protester, dans les tristes circonstances actuelles, de leur dévouement et de leur amour filial envers cette papauté si attaquée, si persécutée. Telle est l'unité de l'Église, telle est son universalité. Que cette imposante et solennelle manifestation de l'épis-

---

1. François II, roi de Naples depuis le 22 mai 1859.

copat, du clergé et du monde catholique, fasse réfléchir les spoliateurs du Saint-Siège et ceux qui rêvent encore son complet anéantissement. Pygmées, qui tentez l'unité de l'Italie, qu'est votre unité auprès de cette grande unité catholique? Impudents ou aveugles, méchant ou insensés, vous êtes puissants momentanément; mais, finalement, vous serez vaincus par le représentant de celui qui se nomme le Christ et dont il est dit : *Christus regnat, Christus vincit, Christus imperat. Ettereaux, 8 juin 1862.* »

CHAPITRE IV

1863-1869

I. Le 14 septembre 1863, le baron de Galembert fut mêlé à un drame qu'il raconte ainsi : « Le fils d'un de mes fermiers d'Etteveaux, ayant eu avec son père une altercation pour une bagatelle, fut pris d'un tel dépit, ou, pour mieux dire, d'une telle aberration mentale, qu'il alla se jeter dans l'étang voisin. Quand, prévenu du malheur, je suis arrivé sur le bord de l'eau, sept minutes s'étaient déjà écoulées depuis que l'infortuné jeune homme (il n'avait que vingt-cinq ans) avait disparu. Immédiatement, je me suis jeté à l'eau pour tâcher de sauver ce pauvre garçon ; mais j'eus beau plonger à diverses reprises, je ne réussis même pas à l'apercevoir : tant l'eau était profonde, obscure, tant le fond de l'étang était vaseux. C'était la première fois que je me trouvais acteur dans un pareil drame. L'émotion que je ressentais, la sueur dont j'étais couvert paralysaient mes forces. Néanmoins, sur les instances de ma femme et malgré les pleurs de mes enfants, je me remis à l'eau une seconde fois, mais sans être plus heureux dans le résultat de mes recherches. Le pauvre jeune homme ne put être retiré qu'au bout de trois quarts d'heure, lorsqu'il ne restait plus d'espoir de le ramener à la vie. J'avais fait tout ce qu'il m'avait été possible de faire ; et cependant, ce fut pour moi une peine cruelle et ce sera dans l'avenir un souvenir amer, que de n'avoir pu sauver un homme et... peut-être une âme.

» J'ai toujours sous les yeux la femme de ce pauvre noyé, âgée de vingt et un ans et ayant un enfant de trois semaines, se tordant de désespoir sur la rive. En présence de la mort, la religion seule apporte des consolations ; mais, en face d'une telle mort, quelles consolations donner ? Que peut-on espérer ? Que peut-on dire à un cœur déchiré, sinon que la miséricorde de Dieu est infinie, et qu'un acte de repentir, même rapide comme l'éclair, suffit, s'il est complet, à fléchir l'éternelle justice ? *Etteveaux, 28 septembre* 1863. »

La situation politique reste sombre au commencement de 1864 : « Jamais, autant que de nos jours, n'ont retenti partout ces grands mots de fraternité des peuples, de paix universelle ; et, en aucun temps, la guerre ne fut plus universelle qu'aujourd'hui. Démenti singulier, d'une ironie amère, donné par la force des choses, c'est-à-dire par la Providence, à la prétendue sagesse humaine. On vante les progrès, la marche ascendante de la civilisation, et l'on revient à la barbarie; notre siècle, en son orgueil, jette sur les âges passés un regard de mépris et se proclame, par excellence, le siècle des lumières, tandis que les ténèbres nous envahissent : vainement il bâtit, lui aussi, sa tour de Babel! Un souffle puissant, parce qu'il est divin, renversera tout cet échafaudage de sophismes et de mensonges. Déjà se produit la confusion des langues : ces nombreux apôtres de la fraternité des nations ne s'entendent plus, et la paix universelle finit par la guerre universelle.

» Voyez plutôt combien, depuis douze ans, de luttes sanglantes dans le monde! Guerre en Crimée, par la France et l'Angleterre, pour défendre l'intégrité de l'empire ottoman contre les convoitises de la Russie. Guerre d'Italie, entreprise par la France au nom du principe des nationalités, et qui a pour résultat de détruire les nationalités distinctes qui se partageaient la péninsule. Guerre encore par la France en Chine, en Cochinchine, au Japon. Guerre en Amérique entre deux membres du même corps : guerre fratricide, s'il en fut jamais, dont on ne peut prévoir la fin, ni supputer les causes sans horreur. Guerre de la Russie contre la Pologne insurgée depuis bien des mois, et répandant avec héroïsme le plus pur de son sang pour reconquérir une nationalité, hélas! je le crains bien, à jamais perdue. Guerre au Mexique par la France, qui prodigue ses trésors et ses soldats pour asseoir un archiduc autrichien sur le trône de Montézuma. Enfin, guerre entre le Danemark et l'Allemagne pour cette

interminable querelle des duchés de Sleswig-Holstein!
Ainsi donc guerre au nord, guerre au midi; guerre
dans l'ancien monde, guerre dans le nouveau : le droit
du plus fort, c'est-à-dire la guerre, sera donc toujours
l'ultima ratio. Elleveaux, 12 *février* 1864. »

Le baron de Galembert consacre l'été de 1864 à des
voyages ; il séjourne spécialement en Blésois et en
Anjou : « Je viens de passer à La Brosse un de ces
mois comme je les aime. Je menais là une vie tranquille, solitaire, réglée. J'étais loin du monde, des
visites importunes, sans tracas d'affaires et entouré des
douceurs de la famille. Ma journée, mesurée comme
celle d'un bénédictin, se partageait entre l'étude et les
soins donnés à l'éducation de mon fils aîné. Le temps,
employé ainsi régulièrement au travail, s'écoule avec
une rapidité effrayante. L'homme oisif se plaint de la
longueur du jour ; l'homme occupé se plaint de sa
brièveté. *Parpacé*, 30 *juin* 1864. »

C'est dans cet esprit qu'il lit *La belle saison à la
campagne*, de l'abbé Bautain : « Ce livre devrait être
le *vade-mecum* de tout jeune homme pendant le temps
consacré à la villégiature. Il peut faire beaucoup de
bien à tant de jeunes gens qui meurent d'ennui à la
campagne comme à la ville, et qui, par leur ennui, en-
nuient les autres. *Parpacé*, 27 *août* 1864. »

La rentrée du collège approche, il faut s'éloigner de
Parpacé. Comme toujours, M. de Galembert s'arrache
avec douleur des bras de sa mère: « Oh! que les adieux
sont cruels! on se quitte, se reverra-t-on ? Pauvre et
sainte mère, te laisser solitaire! Mon Dieu, donnez-

moi la force de supporter l'épreuve de la séparation. 28 *septembre* 1864. »

Le premier janvier 1865, il passe en revue sa petite famille : « Dieu continue à répandre ses bénédictions sur tous les miens. Henri, entré au collège d'Iseure il y a trois mois, nous donne toute satisfaction par sa bonne conduite et son travail ; ce bon exemple sera, je l'espère, d'un effet salutaire pour mes autres enfants. Marie a une nature ouverte, franche, propre à se faire aimer, car elle a un cœur parfait. Marguerite est plus calme, plus réfléchie, elle aura du jugement. Eugène est un joli enfant, fin, distingué, annonçant de l'intelligence et beaucoup de dispositions pour l'étude. Quant à Joseph, d'une constitution vigoureuse, il n'a que deux ans et demi, et on lui en donnerait quatre. [1] »

Partisan, nous l'avons déjà vu, de la décentralisation communale, le baron de Galembert en fait ressortir les avantages par des exemples qu'il tire du système opposé : « Premier exemple. Un cantonnier communal veut recevoir son salaire mensuel; il s'adresse au maire, le maire écrit à l'agent-voyer cantonal pour lui demander le certificat constatant un travail que celui-ci n'a pas vu; le certificat doit être visé par l'agent-voyer d'arrondissement, puis il revient au maire qui y appose son visa; il est renvoyé à la sous-préfecture pour être rendu exécutoire, revient à la mairie où, enfin, le mandat peut être délivré. Que résulte-t-il de toutes ces vaines formalités ? C'est que le

1. Voir plus loin, pages 169 et suivantes, *Un pèlerinage à Notre-Dame de la Salette* (mai 1865).

pauvre cantonnier attend son salaire pendant un mois.

» Deuxième exemple. Une personne fait don d'une somme d'argent à une commune : le donateur sera obligé de payer les frais de quittance de la donation.

» Troisième exemple. Un commissaire de police cantonal doit s'occuper de police, ce semble? Erreur. Sa principale fonction est d'inspecter les maires et d'être, près de l'administration supérieure, le rapporteur de ce que les maires font ou ne font pas. Dans quel but blesser la dignité de la magistrature communale, en la mettant sous la férule d'un agent de police? *Etteveaux*, 15 *octobre* 1865. »

Ce sont surtout les réflexions politiques qui se pressent sous la plume de M. de Galembert : « Un tiers-parti commence à se former dans le corps législatif. Il se propose de tenir le milieu entre l'immobilité de la majorité et les impatiences révolutionnaires. Ce tiers-parti pense qu'il est opportun de placer le couronnement de l'édifice depuis si longtemps promis et toujours ajourné. M. Émile Ollivier est appelé à devenir le chef de ce groupe; je ne serais pas étonné que, dans un an, M. Ollivier fût ministre d'État. *Etteveaux*, 25 *mars* 1866.

» L'Europe est à la veille d'une guerre immense, acharnée, redoutable non-seulement au point de vue de l'humanité, mais encore au point de vue social ; car l'élément révolutionnaire se servira de cette guerre, allumée par l'ambition, pour faire triompher toutes ses idées subversives... Un nouveau Cavour s'est révélé dans la personne du ministre prussien, le comte de Bismarck. Une grande ambition pour l'agrandissement du territoire et de l'influence de la Prusse, jointe à une rouerie et à un cynisme machiavélique dans l'emploi des moyens, tel est le fond de sa nature... Oui, la guerre est inévitable, et cependant une chance reste encore de l'éviter; cette chance est dans l'attitude que va prendre la France... *Etleveaux*, 16 *mai* 1866.

» L'Autriche, victorieuse en Italie, vient de perdre une grande bataille à Sadowa. L'empereur d'Autriche a pris une suprême détermination. L'honneur des armes étant sauf en Italie, il cède la Vénétie à l'empereur des Français, à la condition qu'il se portera médiateur et négociera un armistice... Quelle belle position est faite à la France ! En cédant la Vénétie à l'Italie, elle peut stipuler la renonciation de l'Italie à la possession de Rome. D'un autre côté, les Prussiens victorieux ne voudront peut-être pas écouter la voix de la modération. Alors la France n'a qu'un parti à prendre : faire alliance avec l'Autriche et s'emparer des provinces rhénanes, tandis que l'Autriche, grâce à cette diversion, pourrait reconquérir la Silésie. 7 *juillet* 1866. »

II. Les eaux sont conseillées au baron de Galembert : « La Faculté l'ordonne, je pars pour Évian. On use et on abuse aujourd'hui des eaux et des bains de mer. C'est, pour la santé, la panacée universelle. Quelle que soit la valeur intrinsèque des eaux comme remède, on ne peut nier qu'elles agissent sur le physique principalement par leur influence sur le moral. On quitte pour un certain temps le train ordinaire de la vie, le tracas des affaires, les préoccupations du jour et du lendemain, pour aller, au loin souvent, couler une existence de doux *far niente* dans des lieux presque toujours ravissants, que la nature et l'art ont embellis à l'envi.

» Si l'on veut retirer un bon effet des eaux, la première condition est donc de laisser les soucis au logis. Pour ce qui est des inquiétudes de l'esprit, c'est chose facile ; on peut aisément leur dire : *Vous n'irez pas plus loin*, et elles ne vous suivront pas. Quant aux craintes et aux inquiétudes qui nous viennent des êtres que nous aimons, c'est une tout autre affaire : pour ne pas les emporter avec soi, il faudrait aussi laisser son cœur ! Et qu'est l'homme sans le cœur ? Un être capable de boire, de manger, de dormir, de remplir les fonctions de l'animal, mais, comme lui aussi, incapable de penser... Le cœur n'est pas seulement une source de vie morale, c'est encore une source de vie intellectuelle. L'homme qui n'aime rien ne pense pas, ou, ce qui est pis, pense mal... *Les grandes pensées viennent du cœur*[1]... La force de la pensée est en raison directe de la force de l'amour. Comment donc voudrait-on, comment pourrait-on laisser son cœur au rivage pendant la traversée ?

1. Vauvenargues.

» Sans doute, si le cœur a ses joies, ses sourires, ses ivresses, il a aussi ses peines, ses larmes, ses désolations cruelles. Quand même, et il en est souvent ainsi, le nombre des tristesses surpasse celui des joies, il faut encore remercier Dieu et accepter de sa main, comme un bienfait, cette répartition inégale : elle montre la puissance de notre sensibilité ; elle met en relief la vigueur de notre tempérament moral ; elle prouve notre être même. Or être, en réalisant dans son être toutes les conditions de sa nature, vaut mieux que n'être pas ou n'être qu'à demi. *11 juillet* 1866.

» De ma fenêtre, je jouis d'une large échappée sur cette belle surface d'eaux bleues et tranquilles. Devant moi, se dresse en amphithéâtre Lausanne avec ses clochers, ses toits couverts de tuiles, qui donnent à l'ensemble de la ville une teinte rougeâtre contrastant avec les teintes azurées du lac. Toute la rive du pays de Vaud, ses coteaux de vignes, ses villages, ses bois couronnant la cime des montagnes, ses viaducs de chemins de fer traversant les vallées, tout cela est devant moi. Quel ravissant tableau ! je ne puis en détacher mes regards ! A chaque instant du jour, je suis à le contempler dans une sorte d'extase, incapable de faire autre chose que de regarder et regarder toujours. C'est qu'il y a une variété infinie dans les scènes admirables qui se déroulent sous mes yeux ; le cadre est le même, et cependant, par la multiplicité des effets de lumière, des tableaux différents ne cessent de se succéder. *Évian.* 12 *juillet* 1866. »

Ces rivages enchanteurs lui rappellent Byron et la

Nouvelle Héloïse de J.-J. Rousseau : « C'est aux rochers de Meillerie que Julie et Saint-Preux, surpris par une tempête, furent contraints de chercher un refuge. J'avais sous la main le volume qui raconte cette scène, et je la relisais sur les lieux mêmes où elle se passa.

» La *Nouvelle Héloïse* est un livre mauvais, immoral. Que penser de cette femme qui apporte en dot à son époux un corps et une âme flétris par une passion criminelle, passion dont la flamme n'est pas éteinte ?... Ce livre d'ailleurs, par sa forme, n'a rien d'attachant. Il tient tout à la fois du genre philosophique et du genre roman, sans qu'aucun des deux y domine. Les descriptions manquent trop souvent de couleur, le style abonde en longueurs et en subtilités monotones... On ne comprend pas qu'en présence des grandes scènes de la nature, sur les bords du Léman, on reste si vulgaire et si bas. On ne comprend pas que la *Nouvelle Héloïse* ne renferme pas d'incessants élans de l'âme vers l'auteur de ces merveilles.

» Byron, lui aussi, séjourna sur ces rives ; mais quelle différence dans la façon de sentir et de célébrer leur beauté ! Comme la poésie déborde des pages qu'il leur a consacrées ! Quelle sincérité dans son enthousiasme, quel lyrisme vrai dans son admiration !... Le poète digne de ce nom est attiré vers l'infini par une force supérieure, invincible. La pensée, qui a des ailes, a bientôt franchi les horizons bornés de cette terre ; elle tend toujours à monter vers les espaces éternels. Là seulement elle plane et se meut à l'aise, comme l'oiseau dans les profondeurs de l'éther... L'infini, c'est l'aimant des grandes âmes, des grands génies, et Byron, malgré son scepticisme, nous donne cette preuve d'un incontestable génie. *Évian, 22 juillet* 1866. »

En regardant le lac, les rochers, les montagnes, M. de Galembert se fait les réflexions suivantes: « Ces belles et grandes choses de la nature ne changent pas. Elles n'ont ni enfance, ni jeunesse, ni vieillesse; elles ne sont pas soumises aux lois de la décrépitude et de la mort. Elles présentaient à ceux qui les contemplaient il y a deux cents ans le même spectacle qu'elles offrent aujourd'hui... Pourquoi seul l'homme change-t-il ? Pourquoi, à peine a-t-il atteint son développement, décline-t-il aussitôt, puis ne tarde pas à mourir ? C'est que les objets de la nature sont exclusivement matériels, et que la nature matérielle, une fois atteinte par la mort, ne serait plus. L'homme, frappé par la mort du corps, entre dans la plénitude de la vie, de l'être. Pour la nature, la mort serait l'anéantissement ; pour l'homme, la mort n'est qu'apparente : elle est le plus grand des bienfaits, car elle est la fin de la captivité; elle est le signal de l'immortalité. *Évian, 24 juillet* 1866. »

Il a pu s'éloigner de son pays, mais non se soustraire à ses occupations de maire : « Les affaires de mairie de ma pauvre petite bourgade de Poil viennent me trouver jusqu'ici, et me forcent à envoyer une dépêche télégraphique à mon sous-préfet. Je tiens entre mes mains les destinées d'un empire, composé de trois maisons et d'un clocher. L'administration de cet empire est bien malade, puisque le maire prend les eaux en Savoie, et l'adjoint dans les Pyrénées. Si encore il y avait un secrétaire ! mais il est toujours en congé. Et cependant, ce pauvre petit royaume ne va pas plus mal que de grands empires que je connais, *quoique* ou peut-être *parce que* les fonctionnaires y sont rares. *Évian*, 31 *juillet* 1866. »

Le moment du retour est venu ; le voyage est fatigant, même pénible : « J'ai couché à Autun, et je suis enfin rentré au port ; en revoyant les miens, j'ai senti disparaître aussi une partie de mes souffrances... Vous qui avez la jeunesse, la santé, qui n'avez pas de liens, voyagez ; mais vous qui avez dépassé la moitié de la vie, qui aimez votre foyer, votre femme, vos enfants, ne les quittez pas. *Etteveaux*, 5 *août* 1866. »

III. A propos du décret du 19 janvier 1867, le baron de Galembert fait ces remarques : « C'est à coup de décrets qu'on gouverne la France. Et l'on en appelle constamment aux libertés de 1789 ! et l'on se nomme un gouvernement démocratique, et l'on s'appuie sur le suffrage universel ! mais on a pris soin de l'organiser et de le réglementer pour en faire sortir ce qu'on veut. La pire des tyrannies est celle qui se masque sous les apparences de la liberté.

» L'exposition universelle joue un grand rôle dans la politique souveraine. *Panem et circenses*, c'est toujours le même moyen de gouverner les hommes. C'est une manière adroite de détourner la foule des tristesses de notre politique étrangère. L'expédition du Mexique, qui a englouti tant de sang et d'argent, avorte piteusement. Une Allemagne puissante et homogène se constitue à nos portes contre nous; l'unité allemande nous enserre à l'est, comme l'unité italienne au midi. Nous avons évacué Rome depuis le 15 décembre, laissant la papauté exposée à tous les périls et à tous les hasards de la révolution. Triste bilan de la décadence de la France!

» Dans la séance du 14 mars, M. Thiers a prononcé au corps législatif un très remarquable discours sur la politique extérieure de la France et sur la gravité de la situation. Ce discours toujours clair, lucide, précis, souvent éloquent, a été l'expression du bon sens, du patriotisme et de la vérité. 18 *mars* 1867. »

Au mois de juin, le baron de Galembert se rend à Moulins pour la première communion de sa fille Marie, et de là à Paris : « Quel contraste, quels tableaux différents de celui du jour d'une première communion! Le tumulte, la foule succèdent au calme, à l'isolement, au silence.

» Certes, le spectacle de la réunion sur un même point des productions de l'industrie, du commerce du monde, cette exhibition de tout ce que le génie de l'homme a su tirer de la matière, tout cela est merveilleux. Mais il ne faut pas se laisser trop éblouir. La grandeur de l'homme et des nations ne résulte pas exclusivement de ce développement prodigieux de l'industrie. D'où vient notre force, notre puissance, si ce n'est du Tout-Puissant ? D'où vient notre génie, si ce n'est de l'intuition, plus ou moins claire, de l'infinie beauté ! Donc *sursum corda ! Etteveaux*, 17 août 1867. »

Tandis que Napoléon III reçoit aux Tuileries les souverains attirés par l'exposition, la fatale expédition du Mexique a son dénouement : « Après le retrait des troupes françaises, l'empereur Maximilien chercha à défendre sa couronne avec ses seules forces. Mais trahi et fait prisonnier, il passa devant un conseil de guerre, puis fut fusillé avec deux de ses fidèles généraux : Miramon et Meja. Le Mexique plongé dans la plus affreuse anarchie, l'empereur que nous avions placé sur le trône mis à mort, tels sont les résultats atteints, au prix du sang et de l'or français, par cette politique d'aventures qui préside à nos destinées. *Août* 1867. »

Dans la dernière quinzaine d'août, le baron de Galembert accompagne sa mère aux eaux de Néris. Voici ce qu'il y écrit sur la vie humaine : « On se fait en général une bien fausse idée de la vie, surtout dans la jeunesse, cet âge des illusions. On se la représente comme une succession de plaisirs et de joies, tandis qu'elle n'est qu'une succession de douleurs et de peines. Si la vie était le bonheur, elle serait une récompense ; or, qu'avons-nous fait avant de naître, pour mériter une récompense ? Mais si la vie ne peut être une récompense d'après la raison, et si elle ne l'est pas d'après les faits évidents, qu'est-elle : un combat, une lutte, une épreuve. La vie, c'est le moyen d'arriver à la récompense qui est ailleurs.....

» On me dira : Je vous accorde que la vie n'est pas

le bonheur en fait, et que, suivant la raison, elle ne peut être le bonheur; mais n'y a-t-il pas injustice à ce qu'elle soit un châtiment par le malheur qui constamment l'accompagne? Avant de naître, quel mal avons-nous fait, qui mérite un châtiment?

» Je répondrai qu'entre le bonheur et le malheur, dans les conditions présentes de la nature humaine, il n'y a pas de milieu. L'homme donc, ne pouvant être heureux sur cette terre, est malheureux. D'ailleurs, son malheur est justice; il porte la peine, en dehors même de ses fautes personnelles, d'une faute originelle commise par le premier de sa race. La solidarité humaine explique des choses en apparence inexplicables : elle est la grande loi de l'humanité en général, comme aussi celle des nations et des familles en particulier. *Néris*, 24 *août* 1867. »

Dans un ordre d'idées aussi élevées, il reconnaît que les objets de la nature n'ont pas de valeur absolue, mais seulement une valeur relative : « Valeur relative à quoi? à Dieu. Or Dieu, c'est, avant tout, l'unité dans la variété. Un seul Dieu, voilà la suprême unité ; trois personnes en Dieu, voilà la suprême variété. Les attributs infinis de Dieu, voilà encore la suprême variété... L'ordre n'est pas autre chose que la fusion de la variété dans l'unité. Dieu, c'est l'ordre suprême. Plus les êtres créés manifestent d'ordre, plus ils se rapprochent de l'idéal divin, plus ils ont de vérité, de beauté, de bonté. L'ordre et l'harmonie, c'est la base de tout, on peut le dire, dans le ciel et sur la terre. *Ettereaux*, 28 *avril* 1868. »

Un peu plus tard, le baron de Galembert étudie les conséquences de la réforme du seizième siècle : « Elle a substitué le libre examen à la foi ; la souveraineté de la raison à l'autorité religieuse ; les droits du sujet aux droits du monarque ; l'indépendance de l'enfant aux droits du père, chef de la famille ; la propriété de chacun à la propriété collective ; l'art personnel à l'art de l'école. Cette réforme se bornait en apparence à la religion, elle s'est étendue à tout. Cela devait être, car c'était dans la force des choses, qui arrivent en suivant un enchaînement logique. Touchez aux idées religieuses, modifiez-les, changez-les, et vous touchez à toute chose, vous innovez en tout. De l'indépendance religieuse est née l'indépendance sociale et politique, l'indépendance dans la famille, l'indépendance dans la propriété et dans l'art.

» La vérité se trouve-t-elle dans l'ordre ancien ou dans l'ordre nouveau ? Je n'hésite pas à dire qu'elle n'est d'une façon absolue ni dans l'un ni dans l'autre, mais dans tous les deux à la fois, c'est-à-dire dans leur conciliation. En religion, il faut la raison et la foi ; en politique, l'autorité du souverain alliée dans une certaine mesure à la liberté du sujet ; dans la famille, l'autorité du père respectée, mais ménageant la liberté du fils ; dans la société, dans la propriété, dans l'art, s'il faut une place pour l'action individuelle, il en faut laisser une aussi à l'action collective et commune. *Néris, 25 juillet* 1868. »

A l'automne de 1868, la mort frappe plusieurs hommes célèbres ou simplement connus : « Cette semaine a vu mourir trois hommes qui ont marqué dans ce siècle de manières bien différentes : l'un fut journaliste, l'autre financier, le troisième musicien : Havin, directeur du *Siècle*, le baron de Rothschild et le grand maëstro Rossini. Lequel de ces trois hommes vivra le plus longtemps dans la mémoire de la postérité? Incontestablement le musicien. La prose malsaine du journaliste sera promptement oubliée; les écus du financier passeront en d'autres mains, sans laisser trace de celui qui les aura amassés ; mais les œuvres gracieuses et sublimes du cygne de Pesaro seront toujours là pour charmer et ravir nos âmes. Tant il est vrai que l'art véritable conduit à l'immortalité.... 17 *novembre* 1868.

» Encore un des hommes supérieurs de ce temps qui s'en va. Berryer, le grand orateur toujours fidèle au principe de la légitimité, l'avocat illustre qui s'est fait gloire de sa profession jusqu'au bout, Berryer n'est plus. Il a suivi de bien près dans la tombe Rossini, son ami. Personne n'avait plus que Berryer l'amour et le sentiment de l'art. Cette mort est un deuil pour la tribune, pour le barreau, pour la religion. On ne remplace pas facilement de tels hommes. *Ettereaux*, 30 *novembre* 1868. »

Lamartine ferme le nécrologe : « C'était une nature richement douée, intelligence d'élite, cœur excellent. Pourquoi le chantre des *Méditations* et des *Harmonies* a-t-il voulu ceindre d'autres couronnes que celle du poète? Est-ce que la poésie ne suffit pas toute

seule à remplir et à illustrer l'existence d'un homme :
Est-ce que la gloire de Lamartine ne résulte pas exclusivement de ses admirables vers ? Qu'a-t-il gagné à
vouloir être homme d'État, homme politique, historien? L'amoindrissement de sa personnalité, le déclin
de son génie. Car il a perdu les qualités constitutives
de sa vocation de poète, et il n'a pas gagné les qualités essentielles pour les nouveaux rôles que son ambition aspirait à remplir. 13 *mars* 1865. »

CHAPITRE V

1869-1870

Une année ne s'écoulait jamais sans que le baron de Galembert ne trouvât le moyen de passer un certain temps avec sa mère ; lorsque celle-ci ne venait pas en Morvan, les habitants d'Etteveaux se transportaient en Anjou. Au mois de juin 1869, Parpacé les recevait tous dans ses vieux murs : « Quel accueil nous fit ma mère, écrivait plus tard le baron de Galembert, évoquant les souvenirs de ce séjour ; comme elle était heureuse de nous avoir auprès d'elle ! Elle se donnait beaucoup de peine pour que nous nous trouvions à Parpacé le mieux possible. Le bruit de nos enfants, tout en la fatiguant, lui faisait du bien, en jetant de l'animation autour d'elle. Comme elle était bonne pour eux, cherchant tous les moyens de leur procurer des distractions et des plaisirs ! Notre vue la rajeunissait. »

Rajeuni lui-même sous le regard de sa mère, il aimait à lutter d'adresse avec ses enfants dans les jeux qui avaient amusé ses premières années. Chaque jour, à l'ombre du vieux donjon, il prenait sa part des interminables parties de boules, ou bien il aidait au lancement du cerf-volant, ou encore il dirigeait des excursions dans les souterrains.

Heureux du présent, inquiet de l'avenir à cause des quatre-vingt-deux ans de sa mère, il retardait autant qu'il le pouvait l'heure de la séparation. Elle dut sonner enfin, cette fois comme toujours, et le 19 octobre, après de déchirants adieux, la comtesse de Galembert se retrouvait solitaire. Elle ne devait plus revoir son troisième fils ici-bas.

I. Durant ce séjour en Anjou, M. de Galembert avait fait en Bretagne un rapide voyage, qu'il a retracé dans ses notes : « Nous partîmes de Parpacé, le 25 juin 1869, pour porter notre petite Yvonne à son parrain et à sa marraine, le comte et la comtesse de Kerguelen, au fond de la Bretagne, et lui faire suppléer là les cérémonies du baptême. Nous passâmes un dimanche à Quimper, et, en assistant à la messe, nous pûmes admirer la foi religieuse qui anime encore les paysans bas-bretons. Recueillis, silencieux, ils se pressent en foule dans l'enceinte de l'église, où ils se tiennent pieusement agenouillés.

» Le costume bas-breton est très pittoresque ; tout
le monde le connaît. Pour les hommes, il se compose
d'un chapeau à larges bords, d'une veste ronde, galon-
née, qui laisse voir plusieurs gilets superposés, d'une
culotte bouffante, en toile grossière, plissée. Pour les
femmes, c'est une coiffe dont les extrémités se replient
sur le haut de la tête, un gilet galonné, entr'ouvert
sur le corsage, une jupe courte, avec la taille en relief.
Tous les paysans parlent exclusivement le bas breton ;
mais chaque paroisse a son patois à part, et tant soit
peu différent de celui des autres. Quant à la langue
française, elle n'a point encore pénétré le milieu in-
digène.

» On conçoit que cette conservation complète d'une
langue nationale ait également maintenu dans les populations rurales leurs traditions, leurs usages, leur
physionomie propre. Le langage est l'élément fondamental constitutif des nationalités. Si une langue universelle pouvait s'établir sur la terre, l'espèce humaine
ne formerait plus qu'un seul peuple. Mais c'est là un
rêve, rêve irréalisable, contraire aux vues de la Providence, et, par conséquent, au bonheur même de l'humanité.

» Dieu a voulu qu'un certain nombre d'hommes
réunis par les mêmes besoins, par les mêmes intérêts,
vivant sous le même climat, parlant la même langue,
ayant même religion, mêmes lois, même gouvernement, forment une grande famille qu'on appelle peuple :
que chaque peuple, ainsi constitué, ait sa vie propre,
distincte, destinée à se perpétuer et non à se confondre

avec celle des peuples voisins. Le gouvernement de l'homme par l'homme a ses limites, comme tout ce qui tient à notre nature mortelle et bornée. Dieu seul, qui est infini, peut réunir dans ses mains les rênes d'un immense empire. La puissance humaine, en cela comme en toute chose, succomberait sous le poids de son insuffisance. C'est donc une utopie dangereuse que de vouloir détruire toutes les barrières qui séparent les peuples, que de travailler à absorber toutes les nationalités dans une seule... D'ailleurs, la distinction des peuples répond à cette loi générale de la création : *variété dans l'unité*. Les nationalités sont des rameaux divers qui se rattachent tous à l'unité de la race. Les peuples, au point de vue de l'art comme au point de vue philosophique et social, doivent offrir le même aspect varié qu'offrent les pays qu'ils habitent...

» Après avoir visité Quimper, nous allâmes passer trois jours à Trémarec, château de M. de Kerguelen. Le coteau de ce nom et celui qui, en face, limite la vallée, sont très accidentés et couverts de futaies de hêtres et de châtaigniers, aux troncs élancés et vigoureux. Les champs, en pentes rapides, offrent aux regards des landes d'ajoncs, du blé noir, des seigles ondoyants, mais pas de froment : il ne mûrit pas, paraît-il, à cette hauteur, à cause des grands vents desséchants qui viennent de la mer... Tous les chemins sont plantés d'une manière splendide. Ils sont, en outre, d'aspect très varié : tantôt plus spacieux, on les prendrait pour de larges avenues ; tantôt plus étroits et profondément encaissés, ils ressemblent à des fossés couverts d'ombre... Trémarec est un lieu bien solitaire au dehors, et, au dedans, c'est l'asile du calme, de la paix, du bonheur.

» La chapelle est située à 400 mètres du château ; elle est dédiée à saint Yves, un des saints les plus populaires de la Bretagne. Elle est décorée intérieurement d'un grand nombre de statues en pierre, peintes et dorées. Rangées sur des piédestaux le long des parois de l'édifice, elles l'animent et le rendent vivant... Ce fut dans ce sanctuaire vénéré que ma petite Yvonne reçut les cérémonies du baptême, le 29 juin 1869. Elle a fait les premiers pas, pour ainsi dire, dans la vie chrétienne, au berceau de la famille maternelle de sa mère.

» A Trémarec, on a conservé, par-dessus tout, la religion des aïeux, le culte des nobles traditions de famille. Le grand-père de M. de Kerguelen était un officier de marine fort distingué de la seconde moitié du dernier siècle, et, en même temps, un savant remarquable. Il parvint au grade d'amiral et découvrit dans les mers australes une petite île, qui porte son nom. »

Le baron de Galembert visita, au retour, Brest et Auray : « Nous fîmes avec émotion le pèlerinage de la Chartreuse et du Champ des Martyrs. A la lueur d'une lampe, nous contemplâmes les ossements des victimes de Quiberon...

» Les malheureux émigrés furent jugés sommairement et condamnés à être fusillés. Sept cents subirent la mort dans un vallon solitaire, sauvage, traversé par un ruisseau, et qui se trouve à deux kilomètres d'Auray. Ce lieu s'appela, dès lors, le Champ des Martyrs...

» En 1823, madame la duchesse d'Angoulême posa la première pierre d'une vaste chapelle annexée à l'église d'un ancien couvent de Chartreux, situé à une petite distance d'Auray et du Champ des Martyrs. L'on transporta solennellement les restes des victimes dans un beau cénotaphe en marbre blanc, qui s'élève au milieu de cette chapelle, et tous les noms des héros furent gravés sur le monument.

» Ce sont les religieuses de la Sagesse qui occupent la Chartreuse depuis les premières années de ce siècle: elles tiennent un pensionnat de sourdes-muettes, et sont les pieuses gardiennes du dernier asile de ceux qui tombèrent pour la cause de la fidélité et du devoir.

» Le dimanche 4 juillet, nous entendions la messe dans l'antique église de Redon; à 10 heures, nous prenions la voie ferrée, et le soir, à 7 heures, nous entrions dans la cour de Parpacé, recevant les embrassements d'une mère vénérée et d'enfants tendrement aimés. Saint Yves et sainte Anne avaient couvert de leur protection ce voyage de Bretagne, rapidement accompli en dix jours. *Parpacé, 29 juillet* 1869. »

II. L'année va finir : « La fin de 1869 verra deux grandes choses, l'une dans l'ordre matériel, l'autre dans l'ordre moral : l'inauguration du canal de Suez, qui réunit deux mers, et l'ouverture du concile œcuménique du Vatican, qui rassemblera, le 8 décembre prochain, tous les évêques du monde catholique... Ce concile couronne dignement le long et immortel pontificat de Pie IX. Quel spectacle va offrir cet immense et vénérable aréopage, composé de ce qu'il y a de plus illustre sur la terre par la science et la vertu, et, de plus, inspiré par le Saint-Esprit! *Ettereaux, 3 décembre* 1869. »

A propos du ministère Ollivier, le baron de Galembert écrit : « Ce ministère parviendra-t-il à nous donner, comme il le désire, un gouvernement sachant allier l'ordre et la liberté? Ces deux choses sont difficiles à acclimater ensemble dans un pays comme la France, où l'on passe si vite d'un extrême à l'autre et qui ne connaît la modération que de nom... Pour fonder quelque chose de durable, il faudrait, en France, des institutions, des principes inébranlables, des forces collectives : et on n'y compte plus que des individualités, des faits qui se succèdent, ou des institutions basées sur le sable mouvant du suffrage universel. *Ettereaux, 25 janvier* 1870. »

A deux mois de là, il note une étrange contradiction dans la vie de l'homme : « Nous tenons fortement à la vie; et cependant, à chaque instant, nous désirons vieillir, partant, nous rapprocher du terme de cette existence qui nous est chère. L'immortalité de l'âme est la seule solution de l'énigme. Sans elle, qui l'expliquerait : Tout ce qui est ici-bas ne satisfait pas notre cœur. Nos aspirations vont plus haut que la terre. Instinctivement, à notre insu, ce qui est matière pèse à la partie immatérielle de notre être ; le temps lui pèse comme l'espace. Forcément, elle s'élance vers l'infini. *Etteveaux*, 29 *mars* 1870. »

En ces derniers jours du second empire, les événements politiques se précipitent. C'est d'abord le plébiscite : « L'embarras des consciences honnêtes est extrême en présence de ce plébiscite. Dire non, c'est sembler grossir les rangs du parti anti-social ; dire oui, c'est ramener peut-être le gouvernement personnel et autoritaire. Que faire alors ? S'abstenir ? mais chacun des partis extrêmes en présence s'attribuera ces abstentions en totalité ou en partie... Répondre par oui, par non, par l'abstention, c'est nuire à la cause de l'ordre ou à celle de la liberté. Cet appel au peuple arrive, en outre, dans de tristes conjonctures ; la grève est presque générale parmi les ouvriers. Le plébiscite n'ajoutera-t-il pas son agitation à celle qui existe déjà ?... Que sortira-t-il de là ? Dieu seul le sait... *Etteveaux*, 6 *mai* 1870.

» Sept millions trois cent mille oui, contre quinze cent mille non, ont répondu à l'appel de l'empereur au peuple français. Dans les villes, les non ont presque contrebalancé les oui. Ce sont les campagnes qui ont fait le vote affirmatif. Ne pourrait-on pas leur appliquer le mot de l'Évangile : *Mon Dieu, pardonnez-leur, car elles ne savent ce qu'elles font* ? On ne saurait, en tout cas, puiser une confiance bien grande dans ce vote de l'ignorance. Les palliatifs n'ont d'effet que pour un temps, et les faux principes, dès lors qu'ils sont posés, portent tôt ou tard leurs funestes conséquences. 31 *mai* 1870. »

Puis vient la déclaration de guerre : « Voici encore une fois le fléau de la guerre déchaîné, guerre européenne, guerre implacable! *L'empire, c'est la paix*, disait l'empereur au début de son règne, et, en 18 ans, quatre guerres sanglantes sont venues démentir une si belle promesse. De 1815 à 1848, sous la branche aînée et la branche cadette des Bourbons, c'est-à-dire pendant l'espace de 33 ans, il n'y avait eu que la petite guerre d'Espagne. On reconnaît l'arbre aux fruits qu'il porte. Qu'a retiré la France de ces guerres périodiques entreprises par l'empire, en compensation du sang de ses enfants versé à flots et des millions dépensés? La guerre de Crimée a-t-elle agrandi notre influence en Orient? Nullement. La guerre d'Italie nous a donné Nice et la Savoie ; mais elle a fait l'unité italienne à notre porte et, par l'unité italienne, l'unité allemande, personnifiée dans la Prusse triomphant à Sadowa. Quant à la guerre du Mexique, elle n'a produit que d'incalculables désastres.

» Comme toutes les fautes s'enchaînent en politique! De l'unité italienne, que nous avons faite, est née l'unité allemande, que nous avons laissé faire, malgré tous les avertissements qui furent alors donnés au gouvernement et malgré le danger évident, pour la France, de laisser former cette unité par la Prusse prenant de démesurées proportions. Il fallait être bien aveugle pour ne pas voir que la division de l'Allemagne en plusieurs petits états, que la rivalité de la Prusse et de l'Autriche, se disputant la suprématie de la confédération germanique, servaient les intérêts de la France...

» L'empire aime les coups de théâtre qui saisissent et stupéfient. Le plébiscite lui a tourné la tête, et il croit le moment propice pour faire la guerre. De tous côtés les soldats rejoignent le drapeau ; les conscrits partent, la garde mobile est enrôlée, les millions sont votés sans discussion, l'empereur va partir pour Metz, afin de prendre le commandement de l'armée. Pauvres finances, pauvre liberté, qu'allez-vous devenir au milieu de ce bruit des batailles ? Et toi, pauvre France, quel sera ton sort dans un mois, deux mois peut-être ?... Devant l'incertitude de l'avenir, il ne reste qu'à s'écrier : *Que Dieu protège la France !* 20 *juillet* 1870. »

III. Le baron de Galembert n'eut pas longtemps à attendre pour voir combien ses pressentiments étaient fondés. Les revers commencent, et il en explique les causes : « Nos échecs ne viennent pas de l'infériorité numérique de nos troupes, ni de la supériorité, en qualité, des troupes prussiennes ; car nos soldats n'ont pas dégénéré : ils sont toujours les premiers du monde, sous le rapport du courage et de l'héroïsme.

» Nous n'avons pas réussi au début pour deux motifs : nous n'étions pas prêts, et le commandement suprême, la direction générale, ou fit entièrement défaut, ou fut complètement incapable. Non, nous n'étions pas prêts ; et cependant, nous avions déclaré la guerre, nous avions attaqué les premiers. On s'imaginait, sans doute, en haut lieu qu'il suffirait de montrer les pantalons rouges de nos soldats, pour voir les Prussiens aussitôt reculer épouvantés.

» Ineptie coupable ! Nous avions, au début de la campagne, cent dix mille hommes à opposer à quatre ou cinq cent mille ennemis. Il sera un jour demandé un compte sévère d'une incurie et d'une incapacité si désastreuses.

» Quant à l'empereur, on n'en parle plus ; il semble honteux de tant de fautes politiques et militaires accumulées... Il cherchera, sans doute, à reparaître et à profiter de la première victoire, pour se relever, ainsi que sa dynastie, d'un tel abaissement. Mais ne sera-t-il pas trop tard ? *Août* 1870. »

Effectivement, il fut trop tard, et le 4 septembre suivit promptement Sedan : « C'est la peine du talion ; l'empire s'est écroulé dans les mêmes circonstances qui ont présidé à son établissement. Il avait congédié violemment la représentation nationale de la république ; on a congédié sa propre représentation. La république toutefois y a mis plus de formes : elle n'a emprisonné, ni déporté personne... »

M. de Galembert examine ensuite si la république sera acceptée en France : « Elle peut l'être, si elle est ce qu'elle doit être, c'est-à-dire le gouvernement du pays par le pays, le gouvernement où il y a place pour tous, et non pas seulement pour un parti ou une coterie. La république, plus que toute autre forme de gouvernement, doit s'appuyer sur l'ordre et sur la liberté..... Mais si la république devient un gouvernement de violence et d'oppression, si l'on veut ressusciter 93 en attaquant les bases mêmes de la société : la religion, la propriété, la famille, la république expirera après d'affreuses commotions sociales. *Etteveaux, 6 septembre* 1870. »

Le gouvernement provisoire montra vite ce qu'on devait espérer de lui ; un mois après son établissement, le baron de Galembert juge que ceux qui font les décrets « peuvent bien être des républicains, mais à coup sûr ne sont pas des amis de la liberté, de l'égalité, de la fraternité. »

Le nombre des avocats qui se pressent à l'escalade du pouvoir ne cesse de croître : « Des avocats, mais il y en a partout, le gouvernement provisoire en est rempli. Bienheureuse profession qui donne la science et la connaissance pratique de toute chose, même de la guerre ! Voilà Crémieux qui, par suite de la démission de l'amiral Fourichon, s'est chargé du portefeuille de la guerre !... Les avocats se flatteraient-ils de représenter, à eux seuls, tous les intérêts moraux et matériels de la France ? *Etteveaux, 6 octobre* 1870. »

Tandis que les désastres se succèdent à l'armée, le gouvernement provisoire proroge son existence : « J'arrive de Nevers, où avait été convoquée une réunion des membres du conseil général, des conseils d'arrondissement, et des maires du département. La réunion était fort peu nombreuse : vingt à vingt-cinq personnes au plus, car l'ajournement indéfini et pour la troisième fois des élections à la Constituante l'avait rendue presque sans objet. On pouvait cependant, en prévision des élections futures, essayer de s'entendre sur une liste de candidats, ou au moins sur les principes qui devront présider à la confection de cette liste. Mais j'ai constaté que les principes en matière politique faisaient complètement défaut, et que la question des personnalités avait le rôle prépondérant... Sur ce terrain, comment s'entendre ? 18 *octobre* 1870. »

Après Strasbourg, Metz est tombé au pouvoir de l'ennemi : « Comment a pu s'accomplir ce désastre inouï infligé, après la capitulation de Sedan, à une grande armée française ?... Le maréchal Bazaine, qui commandait l'armée de Metz, passe pour un brave militaire ; mais c'est avant tout un ambitieux, dont la valeur morale, par surcroît, est fort contestable... La capitulation de Metz a eu en France un cruel retentissement et a produit les plus déplorables conséquences. Elle achève de démoraliser les populations en leur ôtant toute confiance dans les chefs, tout respect pour l'autorité quelle qu'elle soit, et elle enlève à l'armée l'esprit de discipline et de subordination, sans lequel il n'y a pas d'armée. *Ettereaux*, 18 *novembre* 1870. »

Comme la marée montante que rien n'arrête, l'invasion s'étend toujours et gagne la Bourgogne. Avant de voir les Prussiens sous ses murs, Autun reçoit les Garibaldiens: « Un corps de Garibaldiens est venu occuper Autun ! Il apporte son concours à la France pour repousser l'invasion ! Les soldats français sont tenus d'obéir à un étranger ! N'avons-nous donc plus de généraux ? Pourquoi ces soldats cosmopolites ne vont-ils pas aussi sur Paris, au lieu de camper dans les églises et d'outrager un évêque ? 19 *novembre* 1870.

» Un détachement prussien de trois mille hommes est venu le 1er décembre jusqu'aux portes d'Autun. Toute la journée le canon a tonné. On l'entendait très distinctement d'Etteveaux... Mon Dieu ! quelle série de désastres ! qu'est devenu le génie militaire de la France, qu'est devenue la grande nation ?... Quelles sont donc les causes de ces échecs répétés ? Ah ! il faudrait être aveugle pour ne pas les voir. La désorganisation est partout, l'unité de direction n'est nulle part. Ce n'est pas le nombre seul qui fait la force des armées, mais bien l'organisation, la discipline, la connaissance, chez les chefs, des soldats dont ils disposent, et, chez les soldats, une confiance absolue en leurs chefs. D'avocat, on ne s'improvise pas ministre de la guerre ! et Gambetta veut imposer ses plans à nos commandants de corps d'armée ! Si les généraux ne réussissent pas, on les révoque ; si, à l'ouest, ils commencent à organiser une armée, on les rappelle pour en former une autre dans le nord ou dans le centre. Ce va-et-vient perpétuel use les hommes et les met dans l'impossibilité de rien faire de sérieux. Puis, tout est bouleversé ; ce sont maintenant des amiraux qui commandent, quand ce ne sont pas des journalistes qu'on nomme généraux de division... Il est impossible de repousser, dans ces conditions, des ennemis nombreux et soumis à une discipline de fer... Mon Dieu, sauvez la France ! »

Les hommes batailleront et Dieu donnera la victoire, avait coutume de dire Jeanne d'Arc. Le baron de Galembert, en sa foi invincible dans les destinées de la France, eût voulu espérer un de ces secours surnaturels, tels qu'en a connus notre histoire. Mais le ciel restait sourd à ses vœux... Et, non content des tristesses et des angoisses qu'il éprouvait au sujet de son pays, Dieu voulut encore le frapper, dans ses plus chères affections, d'un coup douloureux et terrible : la mort de sa mère.

CHAPITRE VI

————

19 novembre 1870

« Samedi, 19 novembre 1870, cinq heures du matin !
Date à jamais cruelle pour mon pauvre cœur : car, en
ce jour, à cette heure, je perdais la meilleure des
mères ! Et je n'étais pas là, près d'elle, pour recevoir
sa dernière bénédiction, pour recueillir son dernier
soupir, pour lui fermer les yeux, sinon pour la rappeler à la vie par ma voix suppliante, par mes larmes,
par mes embrassements !...

» Ce jour-là, à cette heure, que faisais-je donc ? Je
dormais sans doute, et elle, elle s'endormait hélas !
pour toujours ! Ah ! j'en suis sûr, son cœur se sera
tourné vers moi avant de cesser de battre, sa main
aura cherché ma main, et mon nom aura expiré sur
ses lèvres en même temps que s'envolait la vie...
C'est qu'elle m'aimait tant, cette bonne mère ; et moi,
je l'aimais tant aussi !

» ... Ainsi donc, je ne l'ai pas revue ; ainsi, je ne la reverrai plus ! Non, ce n'est pas possible ! Moi-même je ne l'aurai pas mise dans le linceul ? moi-même je n'aurai pas accompagné sa dépouille si chère à l'église et au lieu qui devait lui servir de dernier asile ?... Et pourtant, malheureux ! il n'est que trop vrai, tu n'as plus de mère. Rappelle toi que, dans un pauvre cimetière de village, tu es allé t'agenouiller sur une levée de terre fraîchement remuée. Pendant que tu priais, il te sembla tout à coup qu'une image chérie te souriait à travers tes larmes, et tu te dis : « Oui, je suis orphelin désormais sur la terre, mais dans le ciel ma mère est allée rejoindre ceux qui déjà veillaient sur moi. »

C'est sous l'empire de ces sentiments que le baron de Galembert se mit à crayonner la vie de sa mère. Sa douleur trouvait, à esquisser les traits de celle qu'il avait perdue, une consolation et un aliment.

I. Pendant les années qui précédèrent son mariage, M. de Galembert vivait avec sa mère dans une douce intimité : « Que de bontés, que de prévenances, que d'attentions n'avait-elle pas pour moi ! Mon cœur répondait à ses sentiments si dévoués ; mais parfois, peut-être, la brusquerie ou la vivacité de mon caractère l'ont empêchée de bien lire jusqu'au fond de mon âme… Combien, aujourd’hui, je regrette la peine que mes paroles et mes actes ont pu lui causer ! »

Puis vint, en 1852, la séparation : « Mon mariage, célébré dans la chapelle d’Etteveaux par l’évêque de Nevers, vit couler des larmes de joie, d’espérance, tombées des yeux de ma mère. Car, aux délicates attentions de Louise, à ses affectueux rapports, à son désir d’être un lien de plus entre nous, elle vit bientôt que, loin d’avoir perdu son fils, elle avait trouvé une fille.

» Revenus du voyage d’Italie que nous avions entrepris quelques jours après notre mariage, et qui dura du 16 janvier au 6 juin 1853, nous nous rendîmes à Parpacé. Avec quelle joie ma mère nous présenta à ses parents et amis, et quelle fête charmante elle donna en notre honneur ! Elle semblait rajeunie de vingt ans : tant elle était fière de sa belle-fille, tant elle était heureuse du bonheur de son fils ! »

M. de Galembert dépeint ainsi sa mère : « Quoique fille d’un père de tempérament délicat, mort à trente-deux ans, et d’une mère qui avait l’apparence la plus frêle, ma mère était douée d’une rare vigueur de constitution. Je ne lui ai jamais vu de maladie sérieuse. En revanche, toute sa vie, elle eut à endurer de violents maux de tête. Cela tenait à sa nature nerveuse, facile à être émue, et au sang créole qu’elle avait reçu de sa mère. Le moral exerçait chez elle une grande influence sur le physique. Ses impressions étaient vives, rapides, mais elle n’était point changeante. Si le mauvais côté des choses ne lui échappait jamais, elle voyait toujours en beau les personnes qu'elle aimait, et, toujours aussi, était prête à se dévouer et à se sacrifier pour elles. Très résolue en apparence, elle hésitait souvent lorsqu'il fallait prendre une détermination, et acceptait alors facilement les conseils de ceux qui jouissaient de sa confiance, de son estime ou de son affection.

» Ma mère était la première victime de sa nature impressionnable, sensible à l'excès. Les inquiétudes, les préoccupations pour ses enfants et petits-enfants la consumaient... Elle évitait, autant que possible et comme par instinct, la solitude et recherchait avec avidité le charme des conversations intimes. Elle y apportait une grande vivacité d'esprit, de l'animation ; on était séduit par la franchise de sa parole et la verve de ses réparties...

» Ma mère ne transigea jamais avec ses convictions politiques et religieuses. *Dieu et le Roi*, telle fut constamment sa devise. Elle avait la foi des anciens temps, foi sucée avec le lait de sa mère et dont l'orgueil de la raison ou les murmures du cœur n'altérèrent pas un instant la parfaite soumission... En politique, elle détestait les usurpateurs et préférait la république aux royautés bâtardes. Quand elle parlait du second empire, elle ne tarissait pas. L'empereur, pour elle, ne fut jamais que Bonaparte : *Bonaparte*, répétait-elle souvent, *ruinera et avilira la France*. Elle ne disait que trop vrai. »

Le baron de Galembert admire à juste titre l'inépuisable charité de sa mère : « Donner était un besoin de son cœur, et elle éprouvait plus de bonheur à donner que d'autres n'en éprouvent à recevoir. Qui pourrait dire les misères qu'elle a couvertes, les faims qu'elle a assouvies, les pauvres qu'elle a réchauffés ? Elle faisait l'aumône discrètement, en silence ; suivant le précepte de l'Évangile, sa main droite ignorait ce que donnait sa main gauche. Elle se refusait personnellement bien des choses utiles ou même nécessaires, afin de faire plus grande la part de sa charité...

» Je puis dire qu'à Parpacé sa constante et presque exclusive préoccupation était d'assister les malheureux. Tous ceux qui se présentaient au vieux manoir étaient sûrs de se voir immédiatement secourus. Elle faisait elle-même ses pieuses largesses, ne voulant s'en remettre à personne de leur distribution. Dès qu'on venait l'avertir qu'un pauvre était à la porte, qu'un passant demandait la charité, elle quittait tout : les occupations qu'elle avait dans la maison, les visites qu'elle avait au salon, et descendait avec une petite corbeille d'osier contenant ses aumônes. Alors elle interrogeait le passant, le pauvre, causait avec eux et leur donnait, en outre du secours matériel, celui, plus précieux encore, de quelque bonne parole, de quelque pieuse consolation...

» Chaque jour et à chaque instant du jour, elle prodiguait ainsi elle-même l'assistance physique et morale aux déshérités des biens de ce monde. Combien de fois l'ai-je entendue regretter de n'avoir pas fait construire un logement spécial pour abriter les malheureux qui passaient ? Une telle suite, une telle habitude de bonnes œuvres avait du retentissement dans le pays. On avait donné à ma mère le surnom touchant de *bonne mère des pauvres*. Elle était si connue, même au loin, par ses libéralités, que des pauvres se détournaient de leur route, parfois de vingt-cinq à trente lieues, pour venir implorer sa charité. Comment pouvait-elle suffire à tant de bienfaits ? Dieu multipliait par une sorte de miracle les deniers de la veuve. »

On trouvera peut-être que, dans ces pages consacrées à sa mère par le baron de Galembert, il eût été bon de faire un choix plus rigoureux et que nous eussions dû, pour ne point diviser l'intérêt, retrancher un certain nombre de détails. Nous n'avons pu nous y décider. Les liens qui attachaient le fils à la mère étaient tels, qu'il nous a semblé que c'était encore parler de l'un que de faire, par lui, connaître l'autre, et qu'on ne saurait, dans ces souvenirs intimes qui, par plus d'un côté, rappellent les *Livres de raison*, regarder comme étrangère à la personne de l'auteur, aucune des notes tombées de sa plume, aucune des impressions que ressentit son cœur à l'occasion d'une vie si étroitement unie à la sienne, à l'occasion d'une mort si amèrement pleurée.

II. A propos de son dernier séjour en Anjou auprès de cette mère si aimée, le baron de Galembert donne les détails suivants : « En semaine, elle ne quittait presque pas son fauteuil. La conversation était devenue sa seule distraction : car elle ne pouvait plus ni lire, ni s'occuper les doigts, tant ses yeux avaient baissé ; mais son dévouement aux pauvres, sa charité n'avaient fait que s'accroître avec les années : le cœur chez elle n'avait pas vieilli. *Mon cher Charles*, me disait-elle souvent, *tout est fini pour moi, une seule chose me reste, c'est le cœur.* Ah ! oui, ce noble cœur, il n'a jamais cessé de battre pour son Dieu, pour son roi, pour ses enfants et pour les pauvres. Le cœur fut toute sa vie...

» C'est le 19 octobre 1869 que nous nous séparâmes. De ma vie je n'oublierai ce que furent nos adieux. Il était six heures du matin, quand nous nous apprêtâmes à quitter Parpacé ; il faisait encore nuit. Ma mère descendit de sa chambre dans la salle à manger ; elle se soutenait à peine, son visage était bouleversé et comme décomposé par la douleur. Quelques paroles entrecoupées de sanglots sourds, étouffés, s'échappaient avec peine de ses lèvres. Elle m'étreignit dans un suprême embrassement, presque convulsif. Elle ne pouvait pleurer, tant sa peine était intense et concentrée... Mère chérie, tu avais le pressentiment que ces adieux étaient les derniers et que nous ne nous reverrions plus. Treize mois après cette séparation douloureuse, jour pour jour, elle rendait le dernier soupir ! »

Ce fut à Angers, au couvent des Augustines, où elle s'était retirée pour passer le triste hiver de 1870, que

Mme de Galembert s'éteignit doucement, « victime de sa piété. » Le 13 novembre, étant déjà souffrante, mais devant recevoir ce jour-là la sainte communion, « elle se rendit à la chapelle pour la messe de sept heures, malgré toutes les observations qui lui furent adressées sur son imprudence... Revenue dans sa chambre, elle ressentit un point de côté. Tous les soins possibles lui furent prodigués. Le lendemain lundi, elle se trouva mieux. Mais, le mardi, ce mieux ne s'étant pas continué, la supérieure jugea prudent de nous avertir, mon frère aîné et moi, quoique, cependant, il n'y eût pas de danger imminent. La lettre qui m'était destinée, envoyée d'Angers le mercredi 16, n'arriva à Etteveaux que le 22 !...

» Ma mère ne se doutait pas de la gravité de son état. Bien que déjà sa respiration fût devenue difficile, elle ne concevait aucune inquiétude. Elle ne voulait pas qu'on nous annonçât sa maladie, de peur de nous faire quitter nos foyers dans les tristes circonstances où se trouvait alors notre malheureux pays, sous le coup de la plus effroyable des invasions. On retrouvait là l'esprit de sacrifice et d'abnégation personnelle qui présida à tous les actes de sa vie.

» Le vendredi 18, l'aumônier de l'établissement, auquel ma mère avait dit, lorsqu'elle jouissait d'une parfaite santé, de lui administrer les derniers sacrements aussitôt qu'il la verrait malade, crut opportun de ne pas attendre pour obéir à cette recommandation. Il la fit donc communier en viatique et lui donna l'extrême-onction... Elle reçut son Dieu avec cette foi vive et cet amour ardent qui caratérisaient sa piété... Jésus-Christ se donne lui-même à nous comme viatique suprême, au moment du grand voyage de la terre au ciel. Il est avec nous, près de nous, en nous, pour adoucir les épreuves du passage du temps à l'éternité. Il soutient nos faiblesses, nos défaillances ; il écarte nos angoisses, nos terreurs ; lui-même guide nos pas jusqu'au seuil redoutable...

» La religion chrétienne suit l'homme depuis le berceau jusqu'à la tombe. Elle possède pour toutes les situations, tous les actes, toutes les épreuves de la vie, des sacrements, c'est-à-dire des sources d'eaux vives, qui retrempent et fortifient. Elle est la seule de toutes les religions qui présente à l'humanité ces appuis, ces secours ineffables, parce que seule elle vient de Dieu, qui connaît tous les besoins de sa créature et qui en a pitié ! Les misères de l'homme, sa fragilité, ses faiblesses, l'impossibilité pour lui de triompher, s'il est réduit à ses seules forces, dans les luttes d'ici-bas, voilà ce que sait bien la religion et ce à quoi elle remédie... Bien à plaindre sont ceux qui ignorent ses bienfaits, ou qui ne veulent pas y avoir recours...

» Mon frère aîné arriva à Angers peu de temps après la pieuse cérémonie. Il trouva ma mère fort calme et dans un état physique qui ne présentait aucun sujet d'alarmes immédiates... Le soir, le médecin vint ; il constata un mieux sensible et crut être maître de la maladie. Louis quitta notre mère vers dix heures, et alla se jeter sur un lit que lui avait offert l'aumônier, dont la maison était attenante à l'établissement.

» La nuit fut très paisible... A quatre heures du matin, ma mère dit, d'une voix naturelle, à sa femme de chambre qu'elle voulait aller à la messe de sept heures, et qu'il fallait lui préparer ses vêtements... A cinq heures, la sœur qui la veillait s'approcha de son lit et la crut endormie... Oui, elle dormait, ma mère bien aimée, mais c'était de l'éternel sommeil! Elle s'était éteinte doucement, comme la lampe du sanctuaire, sans secousses, sans convulsions, sans agonie. Dieu lui avait dit: *partez, âme chrétienne*, et l'âme était partie en se dégageant sans effort de son enveloppe terrestre. Semblable à la plus pure flamme, elle s'était élevée vers les hauteurs, vers le foyer de l'éternelle lumière...

»... Ah! mère vénérée, puissions-nous nous endormir comme toi dans la paix du Seigneur! Nous restons exilés, nous assistons aux désastres qui fondent de toutes parts sur notre malheureuse patrie; nous voyons le flot de la misère et de l'anarchie monter aussi rapidement que le flot de l'invasion! Toi qui reposes dans le sein de Dieu, tu ne seras pas témoin de notre ruine et des scènes de deuil qui vont s'offrir à ceux qui t'étaient chers. Ceux qui demeurent sur la terre exposés à la terrible tourmente, sont mille fois plus à plaindre que ceux qui partent pour un monde meilleur... Tu as rejoint tous ceux que tu aimais et que j'aimais avec toi; notre union durera toujours, car la prière en est l'indissoluble lien... En ce monde, tu as été le centre de tes enfants; ne le seras-tu pas mieux encore dans le ciel jusqu'au moment où, ayant aussi terminé leur temps d'exil, ils iront te rejoindre pour ne plus être séparés de toi ? »

Le télégraphe étant à cette époque exclusivement réservé aux communications officielles, et les lettres parvenant irrégulièrement, le baron de Galembert reçut en même temps, le 22 novembre, celles qui lui annonçaient la maladie de sa mère et sa mort. Il partit sur l'heure, mais il arriva trop tard, même pour la cérémonie funèbre. Depuis deux jours, la dépouille mortelle de la comtesse de Galembert reposait dans le cimetière de Bocé, paroisse de Parpacé.

Cependant le triste pèlerinage qu'il fit à Angers, là où était morte sa mère, et à la tombe où elle dormait, rasséréna son âme : « Louise et moi quittâmes Parpacé le samedi 3 décembre... Les vieux domestiques pleuraient en voyant partir les enfants de leur bonne maîtresse... Bel Anjou, pays plein de charmes et de souvenirs quand vivait ma mère, tu es désormais sans attraits pour mon cœur : car elle n'est plus là pour me sourire et pour m'aimer...

» Quelques jours après mon retour à Etteveaux, je me mis à écrire les pages qui précèdent. Cette tâche quotidienne me fut douce à remplir. Quelle consolation l'on éprouve à retracer les moindres souvenirs de ceux qu'on a aimés et perdus ! »

CHAPITRE VII

1871-1874

I. 1871 : l'armistice, la paix, la Commune ! « L'impression causée par les horreurs de la Commune,
remarque le baron de Galembert, fut promptement
effacée, et elle ne servit pas à ouvrir les yeux à tant de
gens obstinés dans leur aveuglement. Peut-on croire,
cependant, qu'en plein dix-neuvième siècle on ait été
témoin d'actes aussi barbares, aussi sauvages : Notre
civilisation tant vantée devait donc aboutir à ces
scènes épouvantables de meurtre, de pillage, d'incendie ! »

Le castel de La Brosse-Salerne, en Beauce, ne fut
pas épargné pendant la guerre : « En juin 1871, je
suis allé à La Brosse pour constater les ravages faits
par la guerre et, autant que possible, les réparer. Dans

quel état ai-je trouvé mon habitation et ses dehors !
Tout avait été mis au pillage d'abord par les troupes
françaises, puis par les Prussiens.

» Quand les Français se concentrèrent, dans les premiers jours de novembre, pour aller reprendre Orléans,
occupé par les Allemands depuis le milieu d'octobre,
un véritable corps d'armée s'achemina le long de la forêt de Marchenoir. Quatre mille mobiles s'arrêtèrent à
La Brosse en une seule fois : les officiers s'installèrent
dans le château, les soldats campèrent tout autour des
murs du parc. De mètre en mètre, le long des murailles,
on voyait la trace de leurs feux de bivouac.

» Pour s'organiser, leurs procédés étaient des plus
simples : ils commençaient par faire une brèche , reti-
raient des pierres pour construire leur foyer, enjam-
baient le mur, coupaient du bois vert ou arrachaient
les grilles de bois qui, de distance en distance, se trouvaient dans les murs. Tout ce qui leur tombait sous
la main leur semblait bon pour faire du feu. Ils pri-
rent ainsi des barres de lit, des portes, des tiroirs de
commodes, etc... Le service de l'intendance était si mal
fait que, dans le voisinage d'une immense forêt comme celle de Marchenoir, on n'avait pas eu la pré-
voyance d'y faire prendre du bois de feu.

» La première fois que les colonnes allemandes appa-
rurent dans le voisinage de La Brosse, le gardien que
mon régisseur y avait installé, pris d'une terreur pani-
que, se sauva dans la forêt, emportant les clés. Les
Prussiens, trouvant l'habitation fermée, forcèrent avec
une barre de fer l'énorme serrure de la porte du vesti-

bule; et, tout étant rangé dans la maison comme si elle eût été habitée, ils s'imaginèrent que le propriétaire s'était enfui à leur approche, ce qui les rendit furieux. Ils supposèrent que l'on avait caché du vin, peut-être de l'argent, et mirent tout sens dessus dessous. Ils firent des fouilles profondes dans la cave, dans le salon ; ils défoncèrent les placards et les commodes. Les officiers s'installèrent dans les chambres du premier, placèrent des rideaux aux fenêtres et des morceaux d'étoffes en guise de portières aux portes. Je vis encore écrit, sur la porte de chaque chambre, le nom de l'officier qui l'occupait... Rien ne peut donner une idée du désordre dans lequel j'ai trouvé la maison. De la paille, des livres, des papiers de famille, des titres de propriété, des os de volaille, des plumes, des tiroirs enlevés aux commodes, des morceaux de fer calcinés, tout cela dans un pêle-mêle inexprimable et au milieu d'un tel amas d'immondices qu'il fallut huit jours pleins pour nettoyer l'habitation. Tous les lits de plume, oreillers, couvertures, draps, tout le linge avait entièrement disparu. Je fus obligé d'emprunter des draps et des serviettes à la femme de mon garde.

» Les Prussiens revinrent à plusieurs reprises à La Brosse ; car, après s'être emparées du Mans, des colonnes mobiles circulaient perpétuellement entre cette ville et Orléans, et La Brosse se trouvait sur leur passage. C'étaient des réquisitions incessantes de paille, de grains, de fourrages, de bestiaux, faites aux fermiers. Pour comble d'infortune, la rigueur de l'hiver avait gelé les froments, et cette plaine de la

Beauce qui, au mois de juin, a l'aspect si fertile, ressemblait à un désert.

» De La Brosse, je me rendis en Anjou en passant par Vendôme ; car j'avais appris qu'on s'était battu dans le cimetière, et je tenais à constater l'état des tombes de mon père et de ma tante de Meaussé. Grâce à Dieu, elles n'avaient éprouvé aucune dégradation, le combat ayant eu lieu à l'extrémité opposée... Je n'avais pas revu Parpacé depuis près de sept mois ! Mon émotion fut vive en franchissant le seuil du vieux manoir...: Je le quittai l'âme déchirée par tous les souvenirs que me rappelait ce lieu ! »

Entre temps, M. de Galembert lit les rapports militaires écrits de Berlin (1866-1870) par le colonel Stoffel : « On y découvre à chaque page combien la nation prussienne est laborieuse, prévoyante, instruite... Après avoir lu ces rapports, on juge encore mieux la coupable folie du gouvernement impérial, qui, sans motifs sérieux, sans les moindres préparatifs militaires, de gaieté de cœur, déclara la guerre à la Prusse au mois de juillet 1870.

» Nous relèverons-nous d'un pareil désastre ? C'est le secret de Dieu et de l'avenir. Mais on peut prédire, à coup sûr, que ce n'est pas en suivant la voie révolutionnaire, dans laquelle la France semble s'engager de plus en plus, qu'elle redeviendra la grande nation. Un peuple sans croyances, sans Dieu, sans respect, est un peuple perdu et à la merci de toutes les aventures.

» L'habileté d'un homme ne suffit pas à reconstruire

les assises sociales. Pour être solides, elles doivent reposer sur des principes... *Etteveaux, 10 novembre* 1871. »

II. Dans l'année 1872, le baron de Galembert revient rarement à ses cahiers. Çà et là, cependant, il jette quelques appréciations et quelques réflexions.

A propos d'une fontaine qui coule sous sa fenêtre, il écrit : « J'aime le murmure monotone de cette fontaine. Rien qu'à l'entendre, on est rafraîchi dans les chaleurs de l'été. Elle est l'image de la vie, ou plutôt le symbole de ce que devrait être la vie, limpide et pure, sous l'œil de Dieu. *Etteveaux,* 18 *juin* 1872. »

Il fait un voyage en Beauce pour ses affaires : « Chaque fois que je viens à La Brosse depuis la guerre, je constate les tristes conséquences de ce fléau... Les fermiers ne paient pas, et les réparations à faire se multiplient... Cette habitation me coûte beaucoup. Je souhaite pourtant la garder : c'est un bien de famille, et il s'y rattache pour moi tant de chers souvenirs ! *La Brosse,* 7 *août* 1872. »

Au retour, il parcourt un ouvrage, au titre bizarre, au fond plus bizarre encore, d'Alexandre Dumas fils [1] : « C'est une conception étrange que ce livre. Il me semble l'image fidèle de la confusion des esprits à

1. *L'homme-femme.*

notre époque. On y trouve de la lumière, mais troublée, du bon sens et de la folie,... la vérité évangélique mêlée aux plus monstrueuses erreurs du paganisme. *Etteveaux, 17 septembre 1872.* »

L'année 1873 est plus riche, surtout en notes politiques : « De la souveraineté absolue du peuple est né le suffrage universel, qui, tel qu'il est aujourd'hui, mène tout droit à la suprématie du nombre, c'est-à-dire à la barbarie ou au césarisme. Le suffrage universel est contraire à la constitution même de toute société, puisqu'il donne l'égalité de droits où il n'y a qu'inégalités de connaissances, de vocations, d'aptitudes, etc... Quant à moi, je ne comprends l'exercice du suffrage universel que par groupes collectifs, et comme organe de collectivités. Dans ce cas, le suffrage est une force sociale, tandis qu'individualisé comme il l'est, il devient une cause de faiblesse et un danger incessant. *Etteveaux, 17 février 1873.* »

Napoléon III meurt à Chislehurst le 9 janvier 1873 : « On peut dire que sa vie fut celle d'un aventurier couronné ; il arriva au pouvoir par un coup de force, il fit des guerres aventureuses sans profit pour le pays, et la dernière plongea la France dans le plus terrible des désastres. »

Cette mort n'éclaircit pas la situation politique : « M. Thiers, à 76 ans, se convertit à la forme républicaine, après avoir tenu toute sa vie pour la monarchie constitutionnelle ; il est vrai qu'il est président de la république, ce qui, pour un ambitieux et un homme infatué de lui-même, est un puissant argument. D'une habileté peu commune, il cherche à diviser pour régner ; par ses manœuvres et ses intrigues, il désagrège la majorité et fait avorter la fusion entre les deux branches de la maison de Bourbon. S'il maintient l'ordre matériel, l'ordre moral est en décadence...

» Le provisoire, dans lequel la France languit depuis deux ans, paralyse tout ; on vit sans espérance du lendemain, on vit au jour le jour. L'équivoque, les malentendus, l'impuissance, sont le fond de la situation. Comment en sortir ?

» Pendant ce temps, le radicalisme fait d'immenses progrès ; il envahit les villes, les campagnes, il remplit de ses adeptes les conseils des communes et des départements. Gambetta parcourt la France pendant les vacances parlementaires, et remue le pays par des discours creux et sonores, dans lesquels se font jour les plus mauvaises passions. Il prophétise l'avénement des nouvelles couches sociales, c'est-à-dire le bouleversement de la société. L'aveuglement, la folie est à son comble dans le pays ; les élections partielles qui viennent d'avoir lieu, sont des plus significatives... La république mène tout droit au radicalisme légal, c'est-à-dire à la décomposition et à la désorganisation de la société ! *Ettereaux, 2 mai* 1873. »

Le cahier auquel nous empruntons ces pages renferme beaucoup de citations du comte de Montalembert. M. de Galembert lisait en effet, à cette époque, la remarquable étude de Mme Aug. Craven sur l'orateur catholique que la France avait perdu deux ans auparavant.

Ce cahier finit par deux pensées d'un genre tout différent : « Le véritable esprit chrétien consiste non pas à voir ses propres vertus, mais à savoir reconnaître celles des autres. 4 *juin* 1873.

»... Le défaut absolu de respect en notre siècle se traduit jusque dans les manières et les moindres usages... Aujourd'hui, non seulement on fume au nez de toutes les femmes, mais on se donne, entre hommes et femmes, des poignées de mains comme entre camarades. L'homme n'attend même pas qu'une femme lui offre la main ; le premier, il tend la sienne. *Ettereaux*, 8 *juin* 1873. »

Au mois de juillet, M. de Galembert retourne à Évian : « C'est pour la sixième fois que je revois le lac Léman ! Je ne me lasse pas des tableaux charmants et grandioses que présentent ses rives, si coquettes, si gracieuses du côté de Genève, si imposantes, si sublimes par les hauts sommets, les cimes ardues et rocheuses, du côté de Villeneuve et Meillerie...

» J'aime à revoir mes vieilles connaissances, en fait de nature comme en fait d'hommes. Mon cœur et ma pensée sont fidèles aux anciens amis ! Les aspects nouveaux font sur moi le même effet que les visages inconnus. Loin de m'attirer, ils m'inspirent une sorte de crainte. Ma nature n'aime pas le changement, elle ne fuit pas même une sorte de monotonie dans l'existence : tant je pousse loin l'amour pour ce qui est réglé et uniforme...

» Avant d'aborder à Évian, j'eus la bonne fortune, vers le milieu de la traversée, de pouvoir saluer le

géant des Alpes, la triple cime neigeuse du Mont
Blanc. Souverain de ces contrées, lui, du moins, règne
en paix, bien sûr de ne jamais perdre sa blanche couronne, à l'inverse de tant de rois de ce monde qui, en
ce temps de révolutions où nous vivons, ont toujours
à craindre pour la leur!...

» Évian n'a guère changé depuis sept ans, sinon qu'il
y a plus de villas, plus d'hôtels construits sur les bords
du lac, au milieu des prairies, des beaux arbres et des
fleurs. La végétation des pentes est luxuriante, et présente un contraste d'un merveilleux effet avec les sommets dénudés et dentelés qui dominent à pic, comme
des murailles crénelées, ces verts coteaux des premiers
plans!...

» Je retrouve mon médecin d'il y a sept ans ; j'occupe
aussi la même chambre, dont le principal avantage, inappréciable à mes yeux, est de dominer le lac et de me
permettre d'apercevoir Lausanne et toute cette succession de villes et de villages qui émaillent la côte suisse.
Les bateaux à vapeur et à voiles sillonnent incessam-
ment la surface paisible de l'onde bleue et transparente.
Dès le soir de mon arrivée, j'ai été me promener sur
la rive du Léman, et, avant de m'endormir, j'ai con-
templé, de ma fenêtre, les rayons de la lune se jouant
sur les flots silencieux.

» Ce matin, je suis allé m'installer dans mon salon
de verdure, qui est un banc sous les grands arbres du
rivage. J'ai respiré longtemps la brise fraîche venant
du Valais; elle semblait ranimer mes forces, et me
faisait goûter un bien-être inaccoutumé! J'ai retrouvé

là mon batelier d'autrefois. Il me reconnut et m'offrit ses services. J'allai à pied à la source de la grande rive, et je revins en bateau, en ramant moi-même.

» Ce soir, un violent orage enveloppe le lac, qui disparaît aux regards ainsi que Lausanne et la rive suisse. De temps à autre seulement quelques éclairs sillonnent la surface du Léman et montrent l'onde paisible et miroitante. Pendant que le tonnerre retentit, une troupe de chanteuses et de chanteurs italiens font entendre, dans un café placé sous mes fenêtres, l'air du *Trovatore*...

» Je suis à ma fenêtre, seul, pendant cette soirée d'orage, et je me dis : Pourquoi tous ceux que j'aime ne sont-ils pas là près de moi, pour admirer ces grandes scènes de la nature? *Évian, 14 juillet 1873.* »

Avant de quitter Évian, le baron de Galembert fit l'ascension du Saint-Bernard « pour la troisième et, sans doute, la dernière fois. » Il s'arrêta un instant en curieux à Vevey, où l'on attendait le schah de Perse qui faisait un tour en Europe : « S. M. Persane ne démentit pas le proverbe que *l'exactitude est la politesse des rois*... Le schah portait un uniforme avec plastron doré, sur lequel se détachait en sautoir un immense cordon de pierres précieuses. Jamais on ne vit poitrine humaine ainsi constellée... Les traits du roi de Perse sont réguliers; la physionomie est distinguée, et porte l'empreinte d'une énergie un peu dure, que le sourire a peine à tempérer. Mais la suite du schah est loin d'avoir le même cachet; il y a, sur tous ces visages, comme une sorte d'hébêtement : on reconnaît l'effet des mœurs orientales. *Erian*, 24 *juillet* 1873. »

Le baron de Galembert salua avec joie le voyage du comte de Paris à Frohsdorf : il y voyait la fin des divisions existant dans la maison royale de France : « Un événement important pour l'avenir s'est accompli le 5 août. Enfin, il n'y a plus qu'un seul représentant, reconnu par tous, du principe de la monarchie héréditaire et traditionnelle ! La fusion est faite entre les princes, qui nous ont donné l'exemple : c'est aux conservateurs maintenant à la faire entre eux. »

On sait comment furent déçues les espérances qu'avait fait concevoir l'entrevue du 5 août. Le parti royaliste eut alors ses découragés et ses mécontents. Le baron de Galembert ne fut ni des uns ni des autres. Fidèle, malgré tout, à la cause monarchique, il resta le loyal serviteur de celui qui n'avait point voulu l'amoindrir, et, jusqu'au bout, il lui continua ce dévouement qui ne connaît « ni bornes, ni exceptions, ni conditions. »

III. Au mois de novembre de cette année, le baron de Galembert fut attristé par la mort d'un saint prêtre, M. l'abbé Renoud, curé de Poil depuis quarante ans, qui l'avait initié, au temps de son arrivée en Morvan, aux usages du pays et qui, depuis lors, était resté son guide, en devenant son ami.

Il écrit de cet excellent prêtre : « Très sévère et très austère pour lui-même, il était l'indulgence et la douceur même pour les autres. Dans ses appréciations sur les personnes, il avait pris pour habitude de chercher toujours à distinguer et à mettre en relief ce centième côté favorable dont parle saint François de Sales... Il a été mêlé à tout ce qui est arrivé d'heureux ou de malheureux dans la famille ; il en a baptisé tous les enfants ; il a été pour moi, en toute chose, un conseil et un appui. »

De son côté, le bon vieillard remerciait, dans son testament, le baron de Galembert des jours heureux qu'il lui avait fait passer dans les derniers temps de son ministère, ajoutant : « Si je meurs les armes à la main, c'est à cette bonne, douce et confiante entente que je le dois. »

Il s'en allait trop tôt au ciel l'ami dévoué qui avait partagé tour à tour les joies et les douleurs d'Etteveaux. Bientôt la plus terrible de toutes les afflictions va venir ; bientôt va sonner pour M. de Galembert, au milieu d'inconcevables souffrances, l'heure de la lutte suprême : et il n'aura plus, pour l'aider à porter sa peine, ce confident de plus de vingt années. Combien alors il sentira vivement l'absence du vénérable prêtre, et combien lui semblera encore plus profond le vide fait par sa mort !

Dès cette époque, ses notes respirent plus de mélancolie que de coutume. Il parle d'abord de contrariétés : « En se raidissant contre elles, on ne les diminue pas, mais on les augmente. L'imagination fait à leur égard l'effet d'un verre grossissant. Le meilleur parti à prendre à l'endroit de ces mille ennuis, de ces mille contre-temps de l'existence, c'est de les accepter tels qu'ils se présentent, de les supporter avec résignation, par sagesse, sinon par vertu. »

Puis la tristesse revient plus vive ; cette fois, la vertu seule lui répond : « Au début des épreuves et des souffrances qui semblent s'annoncer pour moi, mon Dieu, je vous demande, avant tout et par-dessus tout, une chose : la résignation à votre sainte volonté. Que votre grâce m'inspire cette conviction profonde que tout ce qui en apparence paraît un mal et une affliction, ne m'est envoyé par vous que pour mon plus grand bien. Donnez-moi la patience, ô Jésus très patient, la douceur, ô Jésus très doux ! Puissé-je accepter la maladie comme l'expiation de mes nombreux péchés, comme un bain salutaire qui lave mon âme de ses imperfections, de ses souillures, de ses misères ! Pardon, ô mon Dieu, de toutes les fautes de ma vie ! Accordez-moi miséricorde par les mérites de votre divin Fils, par l'intercession de la Bienheureuse Vierge Marie, sa mère. »

Mais n'anticipons pas. Pendant plusieurs années encore, la vie de M. de Galembert paraîtra paisible et heureuse : aussi longtemps qu'il lui sera possible de taire ce qu'il endure, il ne voudra pas, en le manifestant, alarmer ceux qu'il aime ; et, sans les accents révélateurs répandus dans ses cahiers et retrouvés après sa mort, une partie bien amère de ses souffrances n'eût jamais été connue que de Dieu.

Au mois de juillet 1874, il va à Contrexeville : « Le 21 juillet, à neuf heures du matin, je quittais Etteveaux pour venir chercher à Contrexeville le remède à mes misères de santé. Je partais, sinon avec une grande foi dans le remède, du moins avec l'espérance, qui n'abandonne jamais l'homme ici-bas... Que serait la vie sans l'espérance ?

» Je dis adieu à Louise, aux chers enfants groupés sur le perron. Les plus petits ne voient, dans une séparation, que la voiture qui attend et le cheval qui va partir. Age heureux ! il ne connaît ni les inquiétudes de la séparation, ni les peines de l'absence...

» Triste séjour d'eaux que Contrexeville ! quelle différence avec Évian !... La vie que je mène ici a pourtant ses charmes : c'est la vie tout intime de la pensée et du souvenir, dans laquelle l'âme se reporte sans cesse vers ceux qui lui sont chers ! L'intelligence s'appartient tout entière ; elle jouit librement d'elle-même et recueille à son aise ses impressions. On a rarement ces moments de loisir qui, exempts des préoccupations habituelles, minutieuses et souvent vulgaires de l'existence, représentent les vacances de la pensée. Le temps s'écoule vite ainsi. »

Les livres l'aident à passer sa saison. Il lit le *Journal d'un diplomate*, par Henri d'Ideville, et compare cet ouvrage « à une galerie dans laquelle se succéderaient un grand nombre de figures contemporaines plus ou moins célèbres. »

Il répudie de nouveau, à cette occasion, le système bonapartiste : « Les partisans de l'empire flattent les masses et caressent leurs mauvais instincts, uniquement pour arriver, par elles, à s'emparer du pouvoir. Une fois ce dernier ressaisi, ils escamoteraient le suffrage universel et s'abstiendraient prudemment de mettre en pratique l'appel au peuple. Une telle politique est une politique machiavélique. »

Il quitte enfin Contrexeville : « Demain je quitte Contrexeville, après y avoir séjourné quinze jours. J'y ai eu quelques moments de repos, de calme, de paix délicieuse : mais en ai-je joui pleinement ? Non, car si la vie solitaire me convient et me plaît, c'est seulement quand j'ai près de moi celle que Dieu m'a donnée pour partager mes peines et mes joies... »

Le livre de Lamartine : *Le Manuscrit de ma Mère*, tombe entre les mains du baron de Galembert. Il fut d'abord tenté de blâmer le poète de cette publication : « Je me disais que c'était presque une profanation que de mettre sous les yeux du public les notes intimes, les pensées, les sentiments du cœur d'une mère. A mesure que j'avançais dans cette lecture, mes préventions disparaissaient, et faisaient place à une véritable sympathie pour l'œuvre, pour la mère et pour le fils. Ce livre, loin d'être une profanation, est au contraire un admirable tribut de respect et d'amour filial. *Etteveaux, 26 septembre 1874.* »

Qu'il nous soit permis de trouver dans cette appréciation du *Manuscrit de ma Mère* notre propre justification. La publication, en faveur de quelques-uns, de ces notes intimes d'un père est aussi un hommage filial rendu à sa mémoire : et il nous semble qu'en jugeant ainsi l'œuvre du grand poète, celui à qui sont consacrées ces pages plus modestes, les a, par avance, lui-même expliquées, excusées et pardonnées.

CHAPITRE VIII

1874-1878

« 19 novembre ! date pleine des plus douloureux souvenirs ! Il y a quatre ans, jour pour jour, que je suis orphelin, que j'ai perdu la plus tendre des mères, la meilleure des amies... Sa tombe est bien loin de moi ; quand me sera-t-il donné de m'y agenouiller et d'y déposer une prière ?

» Mais ce n'est pas vers la tombe, chère et bien aimée mère, que doivent se tourner mes yeux ; c'est vers le ciel ! Dieu t'a recueillie dans son sein, toi qui, sur la terre, n'avais d'autre pensée que de le vêtir, de le nourrir dans la personne des pauvres. Tu n'as donc plus besoin, chère âme, de mes prières pour entrer dans la lumière éternelle ; tu y es déjà. Mais, si je prie et particulièrement en ce jour anniversaire, c'est pour communiquer avec toi ; c'est pour appeler tes bénédictions et, par elles, les bénédictions de Dieu sur ma tête, sur celle de ma femme et de mes enfants. Veille sur eux et sur moi ; maintiens-nous dans la voie droite, que tu as toujours suivie ici-bas. Sois la protectrice de la famille dans ces jours mauvais que nous traversons. Empêche-nous de défaillir ; soutiens, par la grâce de Dieu, notre faiblesse ...

» Tout ce que je puis désirer à mes filles, c'est de ressembler à leur bonne grand'mère... 19 *novembre* 1874. »

I. « J'ai un tel besoin d'ordre, un tel besoin de voir chaque homme et chaque chose à sa place, que, portant cette préoccupation constante dans les petits détails de la vie, je me rends à charge à moi-même et sans doute aussi aux autres. . L'absolu n'est pas la loi de l'homme sur la terre : il peut abuser des meilleures choses ; il ne doit pas pousser jusqu'à l'extrême les conséquences des meilleurs principes ... Les extrêmes se touchent, dit le proverbe. Il a raison. L'extrême sagesse est une folie ... 15 *décembre* 1874.

» La prière est une source unique de grâces, c'est-à-dire de force et de consolations. Hier, j'en ai eu la preuve intime. J'étais, depuis quatre à cinq jours, dans un état d'inquiétude morale, de troubles, de découragement, qui me paralysait et m'ôtait toute vie. J'ai prié Dieu du fond de mon cœur, par l'intermédiaire de

Marie, et il a mis fin à ma cruelle épreuve. Qu'il en soit béni, ainsi que sa sainte mère. 15 *décembre* 1874.

» 21 décembre 1874! doux anniversaire du 21 décembre 1852. Vingt-deux années d'union! Je remercie Dieu de me les avoir données telles qu'il me les a données, et je le prie de me les continuer, parce qu'il prolongera ainsi mon bonheur et l'accomplissement des devoirs qui en sont la suite...

» N'avons-nous pas à remercier la Providence de ce qu'elle a déjà fait pour nos chers enfants? L'aîné est dans une carrière honorable, que nous désirions vivement lui voir embrasser, sans lui avoir jamais imposé, ni même manifesté notre désir. Il est sous-lieutenant, et il n'a pas encore payé son tribut à la conscription : si jeune, il peut arriver vite. »

Il n'oublie pas non plus ses autres enfants, qu'il ne note pas en termes moins flatteurs, et conclut: « Dieu, en donnant la vie à tous ces êtres chers, leur a donné la force et la santé du corps; qu'il la leur conserve, mais qu'il leur donne surtout et leur conserve la force et la santé de l'âme! *Etteveaux, 21 décembre* 1874. »

C'est à eux tous encore qu'il pensait, en écrivant deux mois après : « Il vaut mieux laisser à ses enfants un héritage d'honneur qu'un héritage d'argent. 21 *février* 1875. »

Plus que jamais, le baron de Galembert se laisse absorber par le travail et le dévouement. La mairie de Poil lui étant une occasion constante de rendre service, il en fait sa principale occupation : « Le bon maire est celui qui se regarde comme le serviteur de ses administrés, serviteur par un dévouement de tous les instants et des sacrifices de toute nature... Les fonctions de maire ainsi comprises, ainsi pratiquées, rapportent beaucoup d'ennuis, de tracas et de fatigues, dont on est payé, en bien des cas, par beaucoup d'ingratitude; mais on est du moins récompensé par le témoignage de la conscience, qui se réjouit du devoir accompli et des services rendus à ses semblables... *Etteveaux*, 12 *avril* 1875.

» Depuis huit jours, je m'occupe de ma session de mai ; je prépare délibérations, budgets, etc. en quadruple expédition. Que de copies, que d'écritures, que de chiffres entassés les uns sur les autres! travail fort ingrat et d'autant plus difficile qu'il faut satisfaire à mille besoins, prévoir mille dépenses avec des ressources toujours insuffisantes pour les couvrir. 11 *mai* 1875. »

L'année 1875 lui apporta de Frohsdorf un précieux encouragement : « J'avais envoyé par un de mes amis politiques du département, M. Ch. du Verne, à Mgr le comte de Chambord, une de mes brochures intitulée : *Une des causes de nos malheurs, ou Politique unitaire du second empire*. Le prince a daigné répondre à mon envoi par la lettre suivante, tout entière écrite de sa main :

» FROHSDORF, *le 22 août 1875.*

» *Je ne veux pas, mon cher baron, laisser repartir nôtre excellent ami du Verne sans vous remercier moi-même de la brochure dont vous l'aviez chargé pour moi. Je la lirai avec d'autant plus d'intérêt que je suis assuré d'y retrouver les saines doctrines, toujours exposées par vous avec tant de conviction et de talent. Je suis heureux d'ailleurs de saisir l'occasion que vous m'offrez pour vous dire combien je vous sais gré de tout ce que vous faites dans votre province, en mettant votre plume, votre activité et vos exemples au service du droit.*

» Comptez sur ma gratitude et ma constante affection.

HENRI.

» Cette lettre, trop flatteuse pour mes faibles mérites et les quelques services que j'ai rendus à une cause dont le triomphe, selon moi, peut seul sauver la France, fut reçue avec une profonde émotion. Elle a été lue de même par toute la famille, et elle est maintenant dans ses archives, où elle sera toujours conservée. 1er *septembre* 1875. »

Vers la fin du même mois, une récompense d'un genre différent, mais qui avait aussi son prix, lui vint de don Carlos : « Le roi d'Espagne, Charles VII, m'a envoyé une décoration de première classe pour reconnaître les sacrifices pécuniaires, hélas! bien modestes, que j'ai faits pour sa cause... Cette cause est intimement liée à celle de la France... L'ennemi, de part et d'autre, est la révolution, qui est cosmopolite ... 29 *septembre* 1875. »

Fidèle à ses habitudes, M. de Galembert ne se désintéresse d'aucune publication littéraire. Il lit, des premiers, le beau drame de M. Henri de Bornier, *La Fille de Roland* : « Le sujet est élevé et digne, l'intérêt soutenu et progressif, le ton solennel sans monotonie, le vers mouvementé sans cesser d'être clair ..... C'est vraiment de la grande poésie, qu'anime le sentiment du plus pur patriotisme et qui, par la noblesse des passions et le sublime des pensées, rappelle les beaux jours de la poésie classique... Une telle œuvre doit valoir à son auteur un fauteuil à l'Académie française. 15 *décembre* 1875. »

Le lettré, l'homme de goût se montre dans ces lignes ; l'observateur, l'homme de sens se révèle dans celles-ci : « De nos jours, la passion des chiens et des chevaux joue un rôle prépondérant dans la vie du gentilhomme. Il commence, quand il vient s'installer à la campagne, par bâtir un chenil ; puis, il construit les écuries de ses chevaux, et cela de la manière la plus confortable. Il ne songe au logis qui doit abriter sa femme, ses enfants et lui-même, que lorsque les bêtes, objet de son culte, sont princièrement meublées. Mais il arrive souvent alors qu'il ne reste plus rien dans la bourse, pour construire le château de famille du grand seigneur. »

II. Le commencement de 1876 amène l'élection des sénateurs et, d'abord, celle des délégués qui doivent les nommer : « Le 16 janvier, j'ai été, à l'unanimité,

choisi comme délégué par le conseil municipal de
Poil... Que résultera-t-il de ces élections sénato-
riales ? Il est à croire que républicains et bonapartistes
vont se disputer le gâteau. Le désordre n'est pas dans
la rue, mais il est, plus que jamais, dans les esprits.
L'ambition, les intrigues des uns, l'ignorance, la con-
voitise brutale des autres conduisent de plus en plus
notre pauvre France vers la décadence et la ruine.
La discipline existe, absolue, parmi les mauvais, tandis que la confusion règne parmi les bons qu'on appelle conservateurs, et qui ne conservent rien du tout.
Le gâchis est complet...

» Mac-Mahon est un brave et loyal soldat, mais il
manque d'énergie. A la veille d'élections de sénateurs
et de députés, son ministère est en plein désarroi.
Certains ministres tirent à droite, d'autres à gauche.
Il n'y a pas de direction, pas d'impulsion donnée d'en
haut. Or c'est là ce qui constitue l'élément essentiel
du gouvernement. Les hommes, pour l'immense majorité, ont besoin d'être dirigés et de recevoir une
impulsion... C'est pour cette raison que la démocratie
égalitaire est une absurdité, un non-sens et le plus
grand danger social. 18 *janvier* 1876. »

Dans les premiers jours de septembre eurent lieu,
aux environs d'Etteveaux, les grandes manœuvres du
8e corps d'armée, que commandait alors le général
Ducrot : « Poil a eu sa grande bataille, le Mont-Dône
également la sienne. Plusieurs bataillons et batteries
ont campé dans les champs de Chaumard et d'Etteveaux. L'état-major du général de Curten a logé suc-

cessivement à Glux, à Concley et ici ; à côté de notre vieux cèdre de la pelouse et devant le salon, nous avons eu, un soir, l'excellente musique du 29ᵉ...

» Le 3 septembre, une messe militaire fut solennellement célébrée au Mont-Beuvray par Mgr de Ladoue, évêque de Nevers, en présence de tous les généraux et de tout le corps d'armée massé sur le sommet, sur les flancs de la montagne ou, au loin, dans la plaine. Le canon répondait de tous les points de l'horizon à celui qui se faisait entendre au Beuvray pendant la messe... C'était un spectacle splendide qu'on ne saurait oublier. Il remplissait le cœur de consolation et d'espérance. Lorsque l'union existe entre l'armée et la religion, un pays peut toujours se relever.

» Le 5 septembre, le maréchal de Mac-Mahon, président de la République, suivi d'un brillant et nombreux état-major, a traversé le bourg de Poil, pour aller inspecter des troupes cantonnées dans les environs. Pauvre petit Poil, tu n'as jamais reçu et tu ne recevras jamais plus, sans doute, un semblable honneur !..... En ce moment, le Morvan est rentré dans le calme de sa solitude ; qu'il y reste..... *Etteveaux, 26 septembre 1876.* »

Six ans se sont écoulés depuis la mort de la comtesse de Galembert ; mais la pensée de la mère est demeurée vivante dans l'âme du fils : « Mon cœur est resté bien fidèle à ton cher souvenir, ô ma mère chérie ! Aujourd'hui, j'ai longuement invoqué Dieu pour toi... ; mais j'ai la ferme confiance que tu pries pour moi dans le ciel ! *Etteveaux, 19 novembre 1876.* »

Dans ces retours douloureux sur le passé, comme dans toutes ses tristesses, un petit livre ne manque jamais de rendre courage à M. de Galembert; c'est l'*Imitation de Jésus-Christ* : « Ce livre est merveilleux, écrit-il; je l'ouvre au hasard, et je tombe toujours sur un passage qui est un baume pour mon âme... *Il n'appartient pas à la vie présente de ne jamais sentir aucun trouble, et de ne souffrir aucune peine d'esprit ou de corps ; c'est l'état du repos éternel. Ne croyez donc pas avoir trouvé la paix, quand vous n'éprouvez rien qui vous fasse peine; ni que tout va bien pour vous, lorsque vous n'avez personne qui vous traverse, ni que ce soit une marque de perfection en vous, que tout réussisse à votre gré*[1]. 26 mars 1877. »

L'influence de cette lecture se fait sentir jusque dans ses notes. La pensée suivante, par exemple, en est visiblement inspirée : « Ce qui trouble tous nos plaisirs, gâte toutes nos jouissances, c'est le sentiment instinctif, que nous portons au dedans de nous, de leur peu de durée et de leur fragilité... 21 *avril* 1877. »

Une crise politique vient d'éclater; le maréchal de Mac-Mahon a renvoyé son ministère : « Si Mac-Mahon fait la moindre concession, il est perdu. La lutte est engagée entre lui et Gambetta... Je n'ai pas grande confiance dans l'issue de cette crise. Les républicains sont disciplinés, les conservateurs ne le sont pas. Les premiers tendent au même but en employant les mêmes moyens, et ils sont, de plus, entreprenants

1. *Imitation de Jésus-Christ.*

et audacieux ; les seconds, partagés de buts, divisés de moyens, sont, par surcroît, mous, indifférents, égoïstes. Encore si le maréchal s'appuyait sur un principe ! mais il s'appuie uniquement sur sa personne. Dans l'espèce, c'est trop peu... La prorogation sera suivie forcément d'une dissolution et d'élections législatives. La France est frondeuse, elle enverra une majorité républicaine plus forte encore que celle de la législature actuelle. Ce sera une nouvelle édition des 221 de la Restauration. Alors, que fera le maréchal ?... 28 *mai* 1877.

» La dissolution ayant été votée par le Sénat le 26 juin, le ministère a préparé le terrain pour faire, dans deux ou trois mois, les élections. Grande *razzia* administrative de préfets, de sous-préfets, de juges de paix, etc. Ce ministère voudrait établir la trève des partis conservateurs, au moins pendant les trois ans qui restent au maréchal pour son temps de présidence. Ce sera bien difficile. Les bonapartistes agissent avec une audace, une impudence inouïes, voulant accaparer toutes les candidatures. 21 *juillet* 1877. »

· Les événements politiques allaient se précipitant. C'est d'abord la mort de M. Thiers : « M. Thiers vient de mourir subitement. C'était une belle intelligence, à laquelle les principes ont fait défaut. Il a courtisé la révolution sous ses deux formes : la forme césarienne et la forme populaire. A travers les innombrables erreurs de son esprit, il eut des éclairs étonnants de lucidité et de bon sens. 7 *septembre* 1877. »

Ce sont ensuite les élections qui donnèrent aux radicaux une majorité de plus de cent voix : « Et cependant la candidature officielle a été pratiquée sur une vaste échelle par le ministère Broglie-Fourtou. La pression exercée a été telle, que, même sous l'empire, on n'en a pas vu de semblable... Le maréchal va-t-il se soumettre ou se démettre, conformément au dilemme que lui a posé Gambetta ?... Il y aurait bien, sans doute, un troisième parti : résister. Mais Mac-Mahon n'a pas ce qu'il faut pour faire un coup d'État. Pauvre président ! Comment sortira-t-il d'une telle position ? Mais surtout, pauvre et malheureuse France ! 12 *novembre* 1877.

» ...Le maréchal s'est soumis, et il a pris un ministère dans la majorité parlementaire avec le vieux Dufaure pour président du conseil... Plutôt que de subir de pareilles exigences et de manquer ainsi à ses promesses. le maréchal eût mieux fait de se démettre !... 17 *décembre* 1877. »

Dieu allait accorder une grande joie au baron de Galembert, en lui permettant de célébrer ses noces d'argent : « ...Après vingt-cinq ans de mariage, la parole du Psaume se réalise pour nous : *Vos enfants seront comme de jeunes plants d'oliviers autour de votre table...* Nous n'avons qu'à remercier Dieu de nous les avoir donnés et conservés forts, vigoureux, surtout bons... Puissent-ils demeurer toujours tels !... »

Voici les vers qu'il fit à l'occasion de cette fête de famille :

> « On en voit beaucoup en ce monde
> Se plaindre de leur pauvre sort ;
> Pour ceux-là, le temps. mer profonde,
> Qui conduit leur barque à la mort.

N'a pas de flots assez rapides :
Tant leurs cœurs, leurs pensers sont vides
De doux souvenirs et d'amours ;
Tant passent tristement leurs jours !

» J'en connais d'humeur différente,
Pour qui toujours l'heure présente
S'écoule hélas ! trop promptement ;
Ils sont avares de la vie,
Dont chaque minute est ravie
Au bonheur, à l'enchantement.

» Il est encor, douce espérance !
Des cœurs d'époux en notre France,
Bénis par le ciel indulgent,
Auxquels semblent vingt-cinq années
Comme vraiment vingt-cinq journées :
Buvons à leurs noces d'argent. »

Mais hélas ! pendant ces vingt-cinq années, que de vides faits dans les affections des deux époux ! Où sont tous les témoins de leur mariage, qui eussent été heureux d'en célébrer l'anniversaire ? « La pensée de la mort et de l'éternité vient toujours fatalement se mêler à nos fêtes les plus joyeuses, les plus pures, les plus saintes, comme pour nous avertir que toute joie, tout bonheur terrestre ne sont que passagers, et que notre patrie, notre repos durable sont ailleurs qu'ici-bas. *Etteveaux*, 21 *décembre* 1877. »

« Le 6 février 1878, est mort le saint et grand pontife Pie IX : âgé de presque quatre-vingt-six ans, il a porté la tiare pendant trente-deux ans. C'est le 16 juin 1846 qu'il fut élevé à la papauté. J'étais à cette époque en Italie, et je fus témoin de l'enthousiasme, de la joie générale que provoqua son exaltation. Par combien de vicissitudes il devait passer durant ces trente-deux années !... Qui saura raconter comme il convient la fécondité et les épreuves de ce long pontificat ? Quelle plume pourra retracer l'inébranlable fermeté, l'énergie, la résignation, là sainteté de ce grand pape ? Sa disparition, dans les circonstances présentes, peut être grosse de conséquences au point de vue religieux, social et politique. Victor-Emmanuel, le spoliateur, le bourreau, n'aura précédé que d'un mois dans la tombe Pie IX, le spolié, la victime. 9 *février* 1878.

» L'Église n'a pas été longtemps veuve ; le pape meurt, la papauté reste... Le nouveau pape est âgé de 68 ans. On le dit plein de mérites, de valeur personnelle, et, ce qui vaut mieux encore, de vertus. Il continuera Pie IX par sa fermeté et sa bonté. 28 *février* 1878. »

CHAPITRE IX

1878-1879

I. C'est en vain que le baron de Galembert se rattache aux préoccupations du monde catholique, aux discussions de la politique, aux intérêts de l'agriculture ou aux délassements des lettres. Le mal dont ses cahiers nous ont révélé, dès 1874, les premières atteintes, en s'accentuant chaque jour davantage, force son attention. Excitée, causée peut-être par l'usage de la cigarette, une inflammation, d'abord sans importance, s'était produite à la gorge et y avait amené, à la longue, la formation d'une tumeur dont il ne pouvait plus se dissimuler la gravité. Les inquiétudes qu'elle lui cause, d'autant plus douloureuses que, pour ne point troubler la quiétude des siens, il veut être seul à les éprouver, lui arrachent par instants des accents déchirants.

« Elle est partie, s'écrie-t-il pendant une absence

de Madame de Galembert; elle est partie, elle. l'appui de ma vie, l'unique consolatrice de mes maux. L'absence ne sera pas longue, je l'espère, et cependant je suis rempli d'effroi. Que vais-je devenir. si la plaie qui me mine augmente encore, ainsi que je le crains ? Quel supplice comparable au mien par moments! Se sentir défaillir au physique et au moral, voir la ruine d'une partie de son être imminente, et ne pouvoir s'épancher complètement dans le sein de personne au monde, de peur d'effrayer par cette confidence ceux qui vous sont chers! Ne pouvoir consulter ni médecin de l'âme, ni médecin du corps; en être réduit à vivre solitaire, toujours en présence de soi-même, quelle existence! Que de larmes je répands chaque jour sur une destinée qui, sans ce mal, serait si heureuse et qu'il rend parfois si amère! Mon Dieu! acceptez mes peines, mes larmes, comme une expiation de mes fautes, et ayez pitié de ceux que j'aime et dont le sort est lié au mien. *Ettereaux*, 23 *mars* 1878. »

Mises en regard des souffrances qu'il endure, des souffrances morales surtout, les souffrances purement matérielles lui semblent peu de chose : « L'esprit est infiniment supérieur au corps par sa substance, ses facultés, sa destinée. De là vient que ses jouissances sont tellement au-dessus de celles que le corps peut donner. Mais il y a, comme en toute chose, le revers de la médaille. Les souffrances de l'âme sont incomparablement plus cruelles que les souffrances matérielles.

» Cet homme, en apparence si heureux, dont l'existence est si enviée, est presque toujours plus à plaindre que ceux qui l'envient. Ils ont les fatigues, les misères physiques, mais lui a les fatigues et les misères morales. Ils éprouvent la faim qui creuse les joues, le froid qui glace les membres ; mais lui subit le chagrin qui ronge l'âme, l'inquiétude, l'ennui qui paralyse la pensée, les préoccupations qui épuisent. Ils manquent de pain, nourriture du corps ; lui manque de paix, nourriture de l'âme. L'agonie du corps n'est-elle pas moins affreuse que l'agonie de l'âme ?. .

» O vous, les plus nombreux, qui êtes tentés de murmurer contre la répartition des maux et des biens en ce monde, n'accusez pas la divine justice. Vous êtes encore les mieux partagés. »

Le cahier qui renferme ces plaintes contient également les réflexions suivantes : «... L'idée fixe est un obstacle qui vient constamment se placer entre l'esprit et la réalité des choses. C'est l'esprit lui-même qui fait naître l'obstacle. Plus on combat l'idée fixe par le raisonnement, plus on lui donne de réalité apparente, plus on grossit l'obstacle. La raison ne peut pas se prouver le néant de ce qui n'est pas. L'esprit a besoin d'aliment ; il faut lui en donner un réel et non un faux... Il y a des personnes, dit-on, qu'une idée fixe poursuit pendant trente-cinq, quarante ans, pendant toute leur vie. Quel supplice cruel !... »

Une pensée constante aussi, celle de sa fin prochaine, ne quitta plus le baron de Galembert à partir du moment où il comprit toute l'étendue de son mal ; sans cesse ravivée par la douleur, elle se dressait, toujours plus amère, entre la vie extérieure qui continuait à lui sourire, et son âme, à qui, selon la forte parole de l'Écriture, s'était fait entendre *une réponse de mort;* mais cette pensée hélas! à l'encontre de l'idée fixe, n'avait rien de chimérique et reposait sur les dangers d'un état malheureusement trop réel.

Le baron de Galembert envisage tristement cet état et analyse ce qu'il ressent jusque dans le détail: « C'en est fait! rien ne peut arrêter les progrès du mal. De plus en plus, il me pénètre, m'absorbe, me brise, me tue... De plus en plus, la lumière vacille ; elle va bientôt s'éteindre... Quel supplice de se sentir ainsi mourir à petit feu..., sans nul remède possible !

»... Oui, tout remède humain est impuissant. Chaque jour, je sens la plaie se creuser et s'étendre : ses progrès, je les suis presque minute par minute... Mon Dieu ! vous seul pouvez être mon consolateur et mon méde cin... *Miserere mei, Deus!* sans vous, Seigneur, je péris.

»... Mes forces physiques et morales diminuent, et l'anémie augmente constamment. Plus de goût à rien, plus de projets, plus d'espérance! La moindre préoccupation, la moindre affaire m'accable. La flamme de la vie ne peut plus monter, ni grandir; elle s'affaisse et retombe, elle va s'éteindre... Situation cruelle ! j'ai la conscience de mon triste état...

» Certains pressentiments ne peuvent tromper. Il y a des signes de destruction et de ruine pour les individus comme pour les peuples. Je sens ces signes en moi. Je ne me retrouve plus, je ne me reconnais plus. Mon père est mort à cinquante-neuf ans ; irai-je jusque-là[1] ?... Il n'y a plus d'huile dans la lampe ; il n'y a plus de ressort, plus de courage dans l'âme... Le mal gagne, il tend à envahir tout mon être... L'anéantissement matériel marche à grands pas. »

A la pensée de la mort qui approche s'en joint une autre dans l'esprit du baron de Galembert, celle des chères existences qu'il va laisser. Il demande à Dieu, du moins, de les épargner en le frappant ; car, pour lui, la résignation est facile et douce : « Si j'étais seul en ce monde, mourir serait pour moi sans conséquence. Un homme de plus ou de moins, qu'importe ! Mais quand tant et de si chères existences sont liées à la vôtre, on ne peut la sentir défaillir sans éprouver de poignantes tortures...

» C'est pour mon bien, ô mon Dieu, que vous m'envoyez ces cruelles épreuves. Vous voulez, par elles, me purifier, me faire expier mes fautes. A ce titre, je les accepte ; je me résigne, je m'humilie sous vos coups. Mais, je vous en conjure, ne frappez que moi ; que vos châtiments me soient tout personnels ; qu'il n'en retombe rien sur ma femme et sur mes enfants. Immolez-moi, si tels sont vos desseins, mais épargnez-les en m'immolant. *In manus tuas, Domine, commendo spiritum meum.* A vous je m'abandonne, ô mon Dieu, à vous seul.

» Vous savez bien, ô mon divin Sauveur, vous qui lisez au fond de l'âme, que je vous offre ma peine à chaque instant du jour pour l'expiation de mes péchés.

---

1. Il devait mourir à soixante ans.

Augmentez de plus en plus ma résignation : faites que je ne tombe pas en défaillance, que je boive avec courage et, si vous le voulez, jusqu'à la lie, ce calice si amer. Appliquez à ma passion les mérites infinis de la vôtre. Faites que je répète sans cesse en mon cœur : *O crux, ave, spes unica !* »

Nous l'avons dit, une chose rendait plus pénibles encore les souffrances de M. de Galembert, c'est qu'il les renfermait en lui-même pour ne pas alarmer les siens : « L'isolement m'est fatal, écrit-il, et je ne recherche, je n'aime plus que lui... Que vais-je devenir, hélas ? Dieu seul le sait... La souffrance partagée s'adoucit ; je ne puis verser la mienne dans aucune âme... » Toutefois, au printemps de 1878, son état s'aggravant toujours, il craint de manquer de force pour continuer à soutenir seul la lutte, et voudrait se confier à un cœur d'ami : « Il faut prendre un grand parti, le seul qui me reste, c'est d'épancher mon âme tout entière dans le sein d'une personne dévouée, ayant du cœur, qui pourra peut-être apporter un remède à un état moral et physique qui empire chaque jour et devient, d'instant en instant, plus lourd à porter. Mon Dieu, donnez-moi le courage de cette suprême confidence. » Cette fois encore, le courage lui manqua ; il devait lui manquer toujours.

Cette tendresse extrême, qui, par une délicatesse poussée jusqu'au scrupule, craignait d'inquiéter son entourage, restera pour tous ceux qui en furent l'objet, une cause d'éternels regrets. Elle devait, en effet, être fatale. Lorsque, au mois de juin 1878, M. de Galembert consentit enfin, sur l'avis de son médecin ordinaire, à consulter une célébrité médicale de Paris, il était trop tard. Prise à temps, l'inflammation de la gorge eût été sans doute facilement enrayée ; mais développée comme elle l'était alors, la tumeur qu'elle avait occasionnée n'était plus guérissable. La science, impuissante, ne tenta même pas une opération que la nature comme le siège du mal rendaient impraticable. Celui-ci continua donc son cours et sa marche en avant, préparant, pour ainsi dire, la mort par la faim.

Nous n'essaierons pas de décrire les phases de cette lente agonie. Aussi bien les pages qui précèdent permettent-elles de s'en faire une idée. Sans illusion possible sur le dénouement final, le baron de Galembert ne cessa de se montrer vaillant et résigné : son âme, qui jusqu'au bout resta maîtresse d'elle-même, savait qu'aux douleurs de la veille s'ajouteraient constamment les douleurs du lendemain ; mais s'il fléchit parfois devant cette perspective, si elle lui arracha des plaintes déchirantes, ces plaintes s'achevèrent toujours dans une prière au Dieu qui console et dans un acte de soumission totale à sa providence : car il savait que le « chrétien doit accompagner le divin Maître dans la voie douloureuse de la croix, avant de se joindre à Lui dans l'éternité de sa gloire. »

II. Il nous reste, de cette triste année 1878-1879, deux cahiers entiers. Ce n'est pas sans une profonde émotion que nous les transcrivons, nous rappelant cette pensée d'Eugénie de Guérin copiée un jour par l'auteur : « C'est une bien triste et précieuse relique que l'écriture des morts, reste ou plutôt image de leur âme qui se trace sur le papier. »

M. de Galembert raconte d'abord un voyage à La Brosse, le dernier, celui-là même pendant lequel il se décida à aller à Paris consulter un spécialiste : « Je suis venu dans ce vieux La Brosse passer quelque temps avec les miens, espérant que le changement d'air, le calme de cette solitude, les doux et chers souvenirs de l'enfance, de la jeunesse, qu'elle me rappelle, la pensée des êtres chéris près desquels j'y ai vécu autrefois, l'absence des préoccupations incessantes des affaires, me feraient du bien à l'esprit, au corps et à l'âme. Me suis-je trompé? Sont-ce des illusions de malade qui se remue, se déplace pour se guérir? L'avenir le dira. Mais, depuis près de quinze jours que je suis ici, le mieux physique et moral ne se fait guère sentir. Puisse cependant la confiance en Dieu ne pas m'abandonner!...

» L'habitation de La Brosse est modeste, simple, mais bien construite, avec solidité et intelligence des proportions. Il y a harmonie dans les dimensions; les fenêtres sont bien espacées, les étages convenablement élevés. On respire à l'aise dans ces grandes pièces...

» Je suis ici entouré uniquement des miens : c'est

une bonne fortune que de n'être pas dérangé comme ailleurs par des étrangers. Je m'occupe à ma guise de lecture ; j'essaie, en continuant d'écrire la vie de mon père, de payer à sa mémoire mon tribut de vénération et de filial souvenir...

» ... D'ailleurs, n'est-ce pas un devoir, quand on possède une habitation dans un pays, de venir quelquefois y donner signe de vie physique, de vie morale surtout ? La Beauce a grand besoin de ce signe de vie morale du propriétaire chrétien. Les gens de ce pays sont respectueux, honnêtes, serviables, travailleurs ; ils ont les vertus païennes, si je puis parler ainsi ; mais la pratique religieuse, la foi qui produit les œuvres leur font défaut, car l'exemple leur manque. Et pourtant il faudrait peu de chose, pour les remettre dans une voie franchement chrétienne.

» Dès notre arrivée ici, ma femme et mes filles ont installé un mois de Marie dans le vestibule. Hier dimanche, plus de cinquante femmes, jeunes filles, jeunes gens, enfants, sont venus spontanément assister à notre exercice du soir. J'en ai été profondément touché, et je me disais que c'était grâce aux pieuses traditions et aux saints souvenirs qu'ont laissés dans cette paroisse ma bonne tante de Meaussé et ma mère, que moi, leur représentant, et ma famille, devions d'être ainsi entourés par cette respectueuse et sympathique population...

» Demain, je quitte La Brosse pour quelques jours... Sur les instances de mon médecin et ami, M. Gros, je vais consulter à Paris quelque célébrité médicale, pour ce mal de gorge qui me fait tant souffrir... Retourner dans ce tumulte de Paris m'effraie; je n'ai, du reste, qu'une médiocre confiance en ce voyage. Mais que la volonté de Dieu soit faite!...

» J'ai passé dix-huit jours à Paris; je n'en ai pas rapporté grande amélioration de santé, ni grande espérance. J'ai visité plusieurs fois l'exposition univer-selle, grande merveille matérielle qui étonne les yeux, la pensée, mais qui ne suffit pas pour rassurer sur la destinée et sur la situation morale d'un peuple. *La Brosse-Salerne*, 17 *juin* 1878. »

Le 2 août, le baron de Galembert quitta La Brosse, pour ne plus y revenir : « Je quitte La Brosse demain. Reverrai-je jamais ce vieux manoir, témoin de mon enfance, de ma jeunesse, de mon âge mûr, des débuts de ma vieillesse que tant de tristesses accablent?... 1ᵉʳ *août* 1878. »

Vingt jours plus tard, il menait à la Salette ses deux fils, Eugène et Joseph, pour remercier la Vierge de la protection miraculeuse dont, par deux fois, elle avait couvert chacun d'eux.

Les pèlerins arrivèrent à Corps le 24 août, presque à la nuit : « Nous nous mîmes immédiatement en route pour la Salette, distant encore de douze kilomètres; car nous voulions, à tout prix, coucher le soir même sur la sainte montagne. Nous allions tantôt à pied, tantôt à dos de mulet : ascension pénible pour un vieux pèlerin comme moi, mais qui n'en a que plus de mérite aux yeux de Dieu. Nous n'atteignîmes la Salette qu'à neuf heures du soir.

» Je fus ému jusqu'aux larmes en foulant pour la seconde fois cette terre consacrée par les pas mêmes de Marie...

Comme j'ai prié avec une ferveur inaccoutumée pour mes chers vivants, pour ma femme d'abord, compagne si dévouée de ma vie, ma consolation dans mes peines physiques et morales, pour nos nombreux et bien aimés enfants, pour mes frères, parents et amis, pour les chers défunts de nos familles et, en première ligne, pour mon excellente mère! Enfin, j'ai prié pour moi-même, pour que la Très Sainte Vierge daigne compatir à mes souffrances et obtenir de Dieu un adoucissement aux maux cruels que j'endure à chaque instant du jour et de la nuit. Oh! disais-je à Marie, si l'agonie physique et morale qui depuis si longtemps m'étreint doit durer encore, conformément à la volonté de Dieu, qu'elle me profite au moins comme une expiation salutaire des fautes de ma vie, et qu'elle serve à assurer mon entrée dans les tabernacles éternels...

On se sent rasséréné après avoir prié dans ce sanctuaire; sur ces cimes élevées, on se trouve plus près du ciel... »

Le retour eut lieu par Aix, Genève, Villeneuve, Saint-Maurice, Lausanne et Pontarlier : « Ainsi, nous n'avions pas fait comme Philéas Fogg, de Jules Verne, le tour du monde en quatre-vingts jours ; mais, en huit jours, nous avions accompli un saint pèlerinage, nous avions parcouru une partie du Dauphiné et de la Savoie, et j'avais pu faire voir à mes chers enfants un bel échantillon de la Suisse. *Etleveaux, 6 septembre* 1878. »

Le mal, cependant, faisait de rapides progrès. Les sentiments chrétiens du baron de Galembert croissaient dans la même proportion : « De plus en plus mes souffrances augmentent ; les douleurs de tête et de gorge que j'éprouve deviennent de plus en plus intenses. Plus de sommeil réparateur et pas une minute sans souffrir, voilà ma destinée désormais. Manger, parler me fatiguent ; je dois me condamner à la réclusion et renoncer aux rapports de société avec le voisinage.

» L'on est toujours puni par'où l'on a péché. J'ai eu un grand amour pour la musique : c'était une passion à laquelle je sacrifiais beaucoup ; en soi, certes, ce n'était pas un mal, et, de plus, comme je n'avais pas de carrière, la musique était un emploi pour mon activité. Mais, la Providence m'ayant donné de la voix, je chantais souvent en public, dans les salons ; mon amour-propre y trouvait son compte. Or voici que, depuis plus de six mois, un mal de gorge terrible nonseulement s'oppose à ce que je chante une note, mais même à ce que je parle. C'est une expiation de mon amour-propre que Dieu m'envoie : acceptons comme telle cette épreuve. *Etteveaux*, 8 et 14 *octobre* 1878. »

A cette dernière date, il s'attriste sur la mort de Mgr Dupanloup : « Le grand évêque d'Orléans, l'énergique champion de la papauté, vient de mourir subitement près de Grenoble. C'est un vide immense dans l'épiscopat ; il ne sera que difficilement comblé. C'est une perte bien grande pour l'Église, pour la France : l'évêque d'Orléans se montrait toujours sur la brèche.

La calomnie, l'outrage, les épreuves ne lui ont pas manqué, comme elles ne manquent jamais à tout homme supérieur. »

Le même jour, il écrit encore : « Eugène vient d'être admis à Saint-Cyr. Voilà donc le second de mes fils dont la voie est tracée. Comme l'aîné, il va suivre la carrière militaire, qui fut celle de tous les membres de ma famille. » Et un peu plus tard : « J'ai conduit mardi dernier, 29 octobre, mon cher Eugène à l'école Saint-Cyr... Il est venu me faire ses adieux, revêtu du costume militaire ; mais, au moment de la séparation, le cher enfant avait le cœur bien gros en m'embrassant, et je sentais, de mon côté, les larmes me gagner... Quand on est père, il faut souvent s'armer de courage et aimer ses enfants pour eux, pour leur avenir et non pour soi. » Et enfin : « Henri vient d'être promu lieutenant... ; il peut avoir une brillante carrière... Il va quitter Vendôme, la cavalerie légère, et entrer dans un régiment de dragons, qui tient garnison à Lunéville. Il est désolé de s'en aller si loin de nous. Ce sera notre temps d'épreuve. *Etteveaux*, 31 *octobre* 1878. »

M. de Galembert se remet également à lire, comme il le faisait au temps de sa santé. Il revoit les *Mémoires* de Fouché, les premiers volumes de l'*Histoire du Consulat et de l'Empire*, et écrit à propos de la campagne de 1800 : « Les plans de Bonaparte sont les plus merveilleuses conceptions qui soient jamais sorties du génie d'un grand capitaine. Son esprit embrassait tout, l'ensemble et les détails ; il dominait, d'un coup d'œil, les horizons les plus vastes comme les plus res-

treints. Pourquoi les grands hommes sont-ils, en raison
ou en proportion de leur grandeur, exposés à de plus
fortes passions que les hommes obscurs ? »

Ce groupe de notes se termine par ces réflexions sur
la démission du maréchal de Mac-Mahon : « Le
maréchal a bien fait, pour son honneur, de se retirer ;
mais il eût été mieux inspiré encore en se retirant plus
tôt, en présence de la désorganisation générale que la
Chambre, le Sénat, le ministère Dufaure lui impo-
saient..... M. Grévy ne sera-t-il pas emporté par le
torrent radical ? L'extrême gauche, en tout cas, réalisera
son programme : Amnistie des hommes de la Commune, expulsion des congrégations, persécution de la
religion, domination de la démocratie, envahissement
des places par les républicains écarlates, sans autre titre
que leurs opinions avancées. C'est l'abaissement fatal
de la France, et, à bref délai, sa décadence et sa ruine.
Etteveaux, 28 *février* 1879. »

CHAPITRE X

—

1879

Le baron de Galembert administrait la commune de Poil depuis dix-neuf ans, lorsque, à l'occasion de la construction d'une maison d'école, un conflit éclata entre lui et son conseil municipal. Le préfet de la Nièvre, mis au courant de la situation par la sous-préfecture de Château-Chinon, voulait simplement dissoudre le conseil; mais, pour le bien de la paix, M. de Galembert préféra se retirer et donna sa démission.

Ainsi délivré de tout souci public, il profita des instants de répit que lui laissait la maladie pour écrire, dans ses cahiers, à la suite des impressions et souvenirs intimes, l'histoire de sa longue administration. C'est de cette histoire que nous voulons maintenant donner quelques fragments. S'ils ne semblent pas, à première vue, rentrer dans le cadre de cette brochure, ils n'y sont cependant pas tout à fait étrangers, puisqu'ils parlent des

commencements et des progrès d'une œuvre à laquelle
M. de Galembert s'est consacré tout entier et qui doit,
à son initiative et à son dévouement, l'existence d'abord, puis, pendant près de vingt ans, la prospérité.

I. « Quand j'arrivai dans le Morvan, Poil, quoique
paroisse, dépendait, sous le rapport civil, de Laroche-Millay. Sous l'Assemblée Constituante, lors de la réforme administrative, Poil avait bien été érigé en commune, mais son existence comme telle ne fut qu'éphémère ; le pouvoir révolutionnaire, trouvant que la
nouvelle commune n'était pas assez *sans-culotte*, en
décréta la suppression pour la réunir à celle de Laroche-Millay, dont le *sans culottisme*, paraît-il, n'a
jamais fait de doute...

» ... Il y avait de grands inconvénients à ce que
Poil n'eût pas son autonomie ; ses intérêts, généralement sacrifiés à ceux de Laroche-Millay, étaient fort
en souffrance. Les réparations à l'église, au presbytère, ne se faisaient pas ; les chemins étaient dans un
état déplorable : il n'y en avait pas un demi-kilomètre
de viable qui fût convenablement entretenu... Le rétablissement de la commune s'imposait.

» Afin de l'obtenir, nous nous mîmes, M. le curé et
moi, résolûment à l'œuvre, lui me fournissant tous les
renseignements dont j'avais besoin, et moi les utilisant

auprès des autorités supérieures pour tâcher de mener à bonne fin notre entreprise. Cela n'était pas facile ; car nous avions contre nous une partie des notables propriétaires, et, en même temps, le maire de Laroche-Millay, auquel on enlevait un des plus beaux fleurons de sa couronne.

» Grâce aux recommandations et à l'appui de Mgr Dufêtre près du préfet de la Nièvre, M. de Magnitot, celui-ci me prêta le concours le plus actif. Il n'en fallut pas moins quatre années pour que nos efforts fussent couronnés de succès. Enfin, le 15 mai 1860, parut un décret impérial, qui érigeait la paroisse de Poil en commune... Pour avoir plus de chance de réussir, nous avions été obligés, dans la répartition de la population et du territoire, de faire à Laroche-Millay la part du lion...

» Quel allait être le maire de la nouvelle commune ? J'étais tout naturellement indiqué à l'administration pour ces fonctions, puisque j'avais pris l'initiative de l'entreprise... Cependant, j'hésitais beaucoup à me rendre aux instances du préfet et de l'évêque, Mgr Dufêtre. D'abord, très timide par nature, je n'aime pas à me mettre en avant et je redoute tout ce qui a l'apparence de la moindre représentation. Ensuite et surtout, la prestation du serment au gouvernement impérial m'arrêtait. M. l'abbé Deguerry, curé de la Madeleine, le même qui devint, en 1871, un des otages de la Commune et fut fusillé à la Roquette, leva tous mes scrupules à cet égard. Il me dit que le serment ne m'engageait qu'à une chose, à ne pas conspirer contre l'empereur, et qu'en dehors de cela je pouvais, sans scrupule, garder dans mon esprit et dans ma conscience mes opinions et mes convictions politiques. J'acceptai donc.

» Une fois maire, je m'appliquai par-dessus tout à faire régner l'union, la paix, l'harmonie parmi mes administrés et à donner à la nouvelle commune, au point de vue civil, le caractère d'une véritable famille. Les fonctions de maire embrassent une multitude de choses diverses ; et si l'on tient à remplir ces fonctions d'une façon sérieuse, il faut y consacrer un temps considérable. Non-seulement une partie de mes journées était absorbée par les affaires de mairie, mais j'étais souvent obligé, pour les terminer, de prendre sur mes nuits. »

Un des premiers soins du baron de Galembert fut de s'occuper de l'école, établie à ses frais, qui devint alors mixte et communale. Seulement, par un motif de prudence que les laïcisations récentes n'ont que trop justifié, il en conserva la propriété.

L'église eut ensuite son tour : « Elle avait été achetée, ainsi que le cimetière, à l'époque de la Révolution, par la famille de Rivière, afin qu'elle ne fût pas démolie et pût être rendue au culte quand viendraient des temps meilleurs. Dès la réouverture des églises, la famille de Rivière s'empressa de restituer celle de Poil à la fabrique. C'est en 1852 que l'acte authentique de donation fut approuvé par le Conseil d'État. Il le fut sous la réserve expresse de la propriété du cimetière, d'une part, et, d'autre part, de la pro-

priété et jouissance de la chapelle qui est en face de la
sacristie, au profit d'un des membres de la famille de
Rivière qui y est nommément désigné, Madame de
Galembert ... Mais l'église était devenue insuffisante
pour la population. Aussitôt après ma nomination de
maire, nous nous occupâmes, M. le curé et moi, de
son agrandissement et de sa restauration. »

Les réparations du presbytère, celles des chemins,
l'ouverture de nouvelles routes, la création d'un bu-
reau de bienfaisance pour fournir aux nécessiteux des
secours réguliers, tels furent les principaux actes de
la nouvelle administration.

M. de Galembert, après les avoir énumérés, ajoute :
Tout en faisant convenablement les dépenses nécessaires, je trouvais moyen de ne pas grever les contribuables d'impôts extraordinaires... Mes administrés ne furent point ingrats : ils reconnurent à l'envi
mon dévouement aux intérêts de la commune. L'harmonie qui n'a cessé de régner entre tous les habitants,
régna également complète entre ceux-ci et le maire. A
toutes les élections, je fus nommé membre du conseil
et toujours à la presque unanimité des votants ;
lorsque, depuis 1870, ce fut le conseil qui nomma le
maire, il me choisit à l'unanimité de ses membres. »

La construction d'une école de garçons vint, nous
l'avons dit, détruire cette bonne entente ; des intérêts
particuliers prévalurent contre ce que semblait demander l'intérêt général. M. de Galembert raconte
l'incident, sans récrimination contre personne, rendant justice à tous. Il explique les raisons qui le

portèrent à donner sa démission et relate, en terminant, la démarche collective du conseil municipal qu'un de ses membres, « tout dévoué et plein de cœur, » a su entraîner jusqu'à Etteveaux pour le prier de revenir sur sa décision. Il parle aussi de l'intervention du préfet et du sous-préfet, qu'il refusa, et de la « proclamation » qu'il fit afficher à Poil avant de se retirer.

« Ainsi finirent, conclut-il, le 13 avril 1879, mes dix-neuf années de mairie. Dix-neuf ans ! c'est une longue période dans la vie d'une commune et surtout dans la vie d'un homme, particulièrement à une époque où tout est si instable. Il faut savoir se retirer à temps de la scène, toute petite qu'elle soit. Si j'ai eu quelque mérite pendant le temps de ma mairie, c'est celui d'un dévouement profond, absolu, à mes administrés. J'ai été, je puis le dire, l'esclave de mes fonctions. Je ne crois pas avoir refusé une seule fois de rendre un service, quand cela m'était possible, qui que ce fût, d'ailleurs, qui le réclamât. Aussi je ne me connais pas d'ennemi. Si j'ai pu obliger. si j'ai fait quelque bien, j'ai atteint mon but : car je n'avais, en acceptant la charge de maire, d'autre désir que celui d'être utile, et je n'ai jamais ambitionné d'autre récompense que la satisfaction que donne la conscience du devoir accompli... Il m'en a coûté, sans doute, d'abandonner la mairie de Poil ; mais c'est que je me regardais comme le père de cette commune que j'avais fondée. *Etteveaux, 6 mai 1879.* »

II. Ainsi se brisaient, pour le baron de Galembert, tous les liens extérieurs qui le rattachaient encore à la terre ! Ce lui fut une affliction véritable et dont il ne cherchait nullement à se défendre, que de se séparer de l'administration d'une commune qui lui était si chère ; mais dans les circonstances qui l'amenèrent à prendre cette détermination, il ne voulut voir, comme en d'autres, que la main de la Providence multipliant à dessein les tristesses autour de lui pour le détacher plus complètement de cette vie périssable. Il comprit que ce sacrifice pouvait être aussi une forme du dépouillement total exigé par Dieu de l'âme qu'il va rappeler à lui ; et généreusement, sans hésiter, sans murmurer, il l'accepta. De ses anciennes fonctions il ne garda qu'une chose : le droit d'obliger, toujours et quand même, quiconque venait demander ses services.

N'ayant plus, de ce moment, d'occupations forcées, se retrouvant, à toutes les heures du jour, face à face avec l'implacable maladie, il se remit à lire pour faire diversion. C'est ainsi qu'il parle, dans ses notes, des *Mémoires* de Madame de la Rochejaquelein, du troisième volume de l'*Histoire du Consulat et de l'Empire*, et du livre d'Henri Lasserre : *Notre-Dame de Lourdes*, qu'il juge aussi concluant que possible au sujet de l'apparition de la Sainte Vierge à Bernadette : « Il est

impossible de ne pas croire quand on est de bonne foi.
Il y a dans ce livre des détails aussi convaincants pour
la raison que touchants pour le cœur. »

Il entreprit, peu après cette lecture, le pèlerinage de
Lourdes : « Je pars ce soir avec Louise... Puisque
tous les moyens humains de guérison sont impuissants,
je m'en vais me réfugier près de la Vierge immaculée
et lui demander sa sainte protection, son secours tout-
puissant. J'emporte la foi, l'espérance ; rapporterai-je
la santé ? Que la sainte volonté de Dieu s'accomplisse.
Ettereaux, 7 juin 1879. »

Le voyage se fit par Issoudun, Périgueux, Agen,
Auch et Tarbes : « La nature, ici, n'est que contraste :
cette grande plaine de Tarbes touche au pied même
des Pyrénées, dont les cimes neigeuses apparaissent à
l'horizon... Tarbes est une ville insignifiante. Une
heure suffit pour franchir en chemin de fer la distance
de Tarbes à Lourdes... Nous y arrivions le lundi 9
juin, à sept heures du soir. A peine installés à l'hôtel
et quoiqu'il fît déjà presque nuit, nous nous rendîmes
à la grotte de l'apparition.

» Quelles douces et pieuses émotions s'emparent de
l'âme, quand on arrive, à cette heure, devant la grotte
miraculeuse, où la Vierge immaculée se montra dix-
huit fois à une simple, pauvre et ignorante enfant de
quatorze ans ! Au-dessus de la grotte, dans une anfrac-
tuosité du rocher qui ressemble à une niche sombre,
se détache la blanche statue de Marie avec sa ceinture
bleue et son rosaire ; on voit, au-dessus de sa tête, comme
une couronne de lierres grimpants et, sous ses pieds,

des fleurs d'églantiers, qui ont poussé dans les joints
de la pierre. Cette statue domine le lieu de la scène :
elle la résume, elle l'explique. Au-dessous d'elle, dans
la grotte, mille cierges brûlent ; la source jaillissante
coule en murmurant ; de nombreuses rangées de bé-
quilles attestent d'innombrables guérisons obtenues ;
les pèlerins se prosternent, baisent la terre et prient,
puis s'en vont boire à la fontaine ou baigner les parties
de leur corps dans lesquelles réside la souffrance. Car
Marie a dit à Bernadette : *Pénitence, pénitence, qu'on
boive, qu'on se lave !* La foi, l'espérance, la confiance
pénètrent l'âme, et l'on ne peut s'arracher de ce lieu
béni, de la contemplation de cette scène touchante.
Avec quel entraînement on prie alors pour soi, pour
les siens vivants et morts, pour l'Église, pour la France !
N'est-on pas sûr d'être exaucé, quand on s'adresse à
une mère et... à cette mère ?

» Le lendemain matin, en nous rendant à la chapelle,
nous pûmes admirer à notre aise la position de
Lourdes et jouir du paysage ravissant qui l'entoure.
A l'embranchement de trois vallées venant : l'une de
l'est, l'autre du midi, la troisième de l'ouest, qu'on se
figure un petit monticule à pic, sur lequel se dressent
les ruines d'un vieux château féodal dont on voit encore les tours crénelées, les courtines et les chemins de
ronde... Aux pieds du monticule, du côté de l'est, s'é-
chelonne la petite ville de Lourdes et, du côté de l'ouest,
coule un large Gave, torrent aux eaux rapides, mugis-
santes, qui vient de la vallée du sud au-dessus de laquelle le regard aperçoit de hautes montagnes neigeuses.

» Dans la vallée de l'ouest, sur la rive gauche du Gave, s'élève, au sommet des roches Massabielles, la basilique en marbre blanc avec son clocher dentelé, monument somptueux autant que pittoresque, construit pour réaliser les paroles de la Sainte Vierge à Bernadette : *Allez dire aux prêtres qu'ils me bâtissent ici une chapelle.* De l'autre côté du Gave, sur la rive droite, les coteaux sont couverts de bois, de prairies, de magnifiques couvents. On dirait un immense jardin anglais que traversent de belles routes, un chemin de fer et un cours d'eau canalisé ; tant tout est bien tenu... La basilique, sur une vaste crypte, est admirablement ornée à l'intérieur : les murs en sont, à la lettre, tapissés de bannières et couverts d'*ex-voto*. Bien que construite dans de grandes proportions, elle est néanmoins insuffisante, quand arrivent des pèlerinages nombreux...

» Tel est l'ensemble du tableau que présente Lourdes. Il diffère absolument d'aspect de celui de la Salette. Là, tout est sauvage, abrupt, dénudé, désert ; il faut de grandes fatigues physiques pour arriver au sommet de la sainte montagne. Ici, tout est gracieux, coquet même, plein d'animation, de vie, et le chemin de fer vous dépose, pour ainsi dire, à l'entrée du sanctuaire. Si, à raison des difficultés vaincues, de la sévérité du paysage, l'impression produite par le pèlerinage de la Salette est peut-être plus profonde, les émotions qu'on rapporte de Lourdes sont empreintes de plus de suavité et de pieuse douceur. Ne dirait-on pas que la Sainte Vierge a voulu apparaître dans cette charmante vallée, si attrayante et si facile d'accès, afin de généra-

liser le plus possible son culte et pour que, de toutes
parts, on pût venir en foule l'invoquer ? Chaque année,
des masses de baigneurs et de touristes se rendent dans
les Pyrénées : Lourdes est sur leur route ; la Sainte
Vierge les saisit là, au passage, et leur prodigue des
trésors de grâces.

» Nous restâmes trois jours à Lourdes,... et tout
notre temps se passa à la basilique et à la grotte.
Nous allions à cette grotte au moins trois fois par jour.
Que de prières pour nos besoins spirituels et corporels,
pour les besoins de tous ceux qui nous sont chers !...

» Nous ne fîmes, pendant notre séjour à Lourdes,
qu'une seule excursion, celle de Pau. En une heure de
chemin de fer, par une voie qui suit la vallée du Gave,
on arrive à la charmante capitale du Béarn... On ne
peut se faire une idée de sa merveilleuse situation.
Bâtie sur un coteau élevé, qui domine à pic une immense et fertile plaine et au bord duquel coule le
torrent, la ville offre, au midi, toute une ligne de châteaux, de villas, de splendides hôtels, que viennent
habiter l'hiver des colonies d'Anglais. De ce coteau,
on aperçoit, dans tout son développement, le magnifique horizon des Pyrénées.

» Nous visitâmes complètement le château de Pau,
tout rempli des souvenirs du bon roi Henri IV. Ce
château a été restauré avec intelligence sous Louis-
Philippe et Napoléon III. On y voit des tapisseries
flamandes et aussi des Gobelins, admirables par l'éclat
des couleurs et le fini du dessin..... Je tins à voir
aussi les bâtiments de la préfecture, qu'occupa. sous le

premier empire, mon oncle, le marquis Achille de Vanssay, préfet du département des Basses-Pyrénées. Ma bonne mère, non encore mariée, était venue, à cette époque, passer quelque temps près de son frère ; et elle m'a parlé bien souvent des fêtes splendides qui se donnaient dans ses salons. Maintenant que les préfectures sont des palais, celle de Pau, vue du dehors, paraît mesquine...

» Nous quittâmes Lourdes le vendredi 13 juin. Ma dernière prière à la grotte fut celle-ci : O Vierge immaculée, quel que soit le résultat de ce pieux voyage, je vous remercie d'avance ; que vous m'accordiez ou que vous me refusiez la guérison de mes souffrances, je vous suis humblement reconnaissant : car vous savez ce qui vaut mieux pour notre bien de la santé ou de la maladie, et vous obtenez pour nous de votre divin Fils, sur le cœur duquel vous êtes toute-puissante, les grâces qui sont le plus profitable à notre salut éternel. Si je dois succomber bientôt sous l'étreinte du mal, rebelle à tout remède humain, que je porte en moi, ô Notre-Dame de Lourdes, assistez-moi à ce moment suprême ! Faites que je supporte mes souffrances avec calme et résignation, les offrant constamment à Jésus-Christ pour l'expiation de tous les péchés de ma vie. Protégez celle si dévouée, si bonne que vous m'avez donnée pour compagne et qui m'a entouré de tant de soins, de tant de bonheur ! Protégez ces chers enfants que je laisserai orphelins, faites-en de bons et fervents chrétiens. O Notre-Dame du perpétuel secours, ô Notre-Dame de la Salette, ô Notre-

Dame de Lourdes, secourez-moi de votre secours tout-puissant à l'heure de ma mort! Faites que je meure l'esprit et le cœur tranquilles, sans secousses, sans trouble, le crucifix sur ma poitrine, un chapelet dans mes mains et les yeux tournés vers le ciel. 21 *juin* 1879. »

Pendant ce voyage de Lourdes, M. de Galembert acheta, en passant à une gare, un livre de M. Henri de Lacretelle, qui a pour titre *Lamartine et ses amis* : « Il y a beaucoup d'ivraie dans ce livre et du bon grain en dose infinitésimale. L'auteur a voulu élever un monument à la mémoire de Lamartine, et il n'a fait que l'amoindrir aux yeux de quiconque a de la raison, des principes en religion et en politique. Il montre combien cette nature si bien douée, si bien faite par Dieu pour ne donner que des fruits excellents, fut entraînée hors de sa voie par l'orgueil, l'ambition, la rêverie, un sentiment excessif de sa personnalité. Pourquoi a-t-il été infidèle à sa vocation ? C'était celle du poète et du littérateur : une telle vocation ne suffit-elle pas à remplir l'existence d'un homme et à assurer sa gloire ? Pourquoi, en politique, s'être fait révolutionnaire ? Pourquoi, en religion, n'avoir montré souvent d'autre croyance qu'un vague déisme, sans pratique ni culte ? De tels exemples, de tels hommes font beaucoup de mal et aux esprits et aux consciences. 25 *juin* 1879. »

La mort du prince impérial, qui venait de succomber, à l'âge de vingt-trois ans, dans le Zoulouland, lui suggère ensuite ces réflexions : « Le fils de Napoléon III, qui était allé au Cap prendre du service dans l'armée anglaise en expédition contre les Zoulous, est tombé, le

1ᵉʳ juin, dans une embuscade et a été tué par dix-sept coups de zagaies. Les hommes honnêtes de tous les partis ont compati à la destinée de ce jeune prince, victime d'une telle aventure, et à la douleur de la malheureuse mère. Seule, la presse ultra-radicale a salué cette mort par l'insulte et d'ignobles caricatures...

» Quelles conséquences cet événement imprévu aura-t-il pour le parti bonapartiste ? Va-t-il le désagréger, l'anéantir? Suivant l'ordre de succession fixé par le premier et le second empire. l'héritier serait le fameux prince Jérôme: mais il n'est guère fait pour plaire aux conservateurs, à raison de ses idées ultra-démocratiques et anti-religieuses. Au surplus, l'impérialisme étant basé sur deux principes contradictoires : l'hérédité et l'appel au peuple, on ne peut vraiment pas prévoir les destinées de ce régime de contrefaçon. La logique et le patriotisme disent qu'il n'y a, pour la France, que deux gouvernements possibles : le gouvernement électif, représenté par la république, et le gouvernement héréditaire, représenté par la monarchie traditionnelle. *Ettereaux*, 25 *juin* 1879. »

Le pèlerinage de Lourdes ne fut suivi d'aucune amélioration dans l'état de santé de M. de Galembert. Tout lui indiquait plutôt les progrès croissants du mal : il ne pouvait plus se faire entendre que très difficilement, les aliments ne passaient plus, et la maigreur était telle qu'un jour une bague, qu'il n'enlevait jamais, tomba d'elle-même de son doigt. Avec un courage extraordinaire, il essayait encore de réagir par l'exercice, par la chasse même; mais l'acuité de la souffrance ne lui permit pas de prolonger long-temps cet effort. Ses chers cahiers eux-mêmes furent délaissés. Il y revint pourtant une fois, à propos de l'incendie d'un bâtiment de ferme à La Brosse-Salerne : « Est-ce malveillance ou simple accident? Je l'ignore. En tout cas, c'est une perte, qui, pour être réparable, n'en ajoute pas moins à l'épreuve de ma santé de plus en plus mauvaise. *Fiat!*..... Je vais peut-être aller la semaine prochaine à Paris, encore pour consulter... Louise m'accompagnera. Je ne puis me passer d'elle, et son dévouement est inépuisable... *Etteveaux* 24 oc-*tobre* 1879. »

C'est avec cette phrase, dernier témoignage de reconnaissance et d'affection envers notre mère, que finissent ces notes, impressions et souvenirs... La noble plume de notre père, brisée par la maladie, s'est arrêtée là!... Que Dieu, dans son infinie miséricorde, nous rende toujours dignes d'un tel père!

CHAPITRE XI

1880

« Au fait, si ce n'étaient les êtres chéris qu'on laisse derrière soi, les devoirs à remplir qui restent inachevés et les larmes qu'elle fait répandre, la mort ne serait-elle pas un suprème bien ? Ne délivre-t-elle pas de ces mille soucis, de ces milles tracas d'affaires qui torturent l'âme, la troublent et l'inquiètent ? Ne donne-t-elle pas l'espérance de voir et d'aimer l'infinie Beauté et l'éternelle Sagesse ? *Ettereaux*, 3 *décembre* 1869. »

L'heure de la délivrance, dont le baron de Galembert saluait ainsi la venue dix années auparavant, allait enfin sonner; l'épreuve touchait à son terme : le chrétien l'ayant subie sans défaillance, il fallait que la récompense ne se fît pas davantage attendre et qu'aux pleurs et souffrances du temps succédât l'allégresse, la joie sans mélange de l'éternité.

I. Dès le commencement de 1880, M. de Galembert comprit que ce n'était plus, pour lui, qu'une affaire de jours. Il avait de ces pressentiments qu'on a souvent remarqués chez les mourants, et qui ne trompent pas. A la fin, par exemple, des courtes vacances qui lui avaient ramené ses fils aînés, lorsque, cédant aux exigences du service militaire, ils durent repartir, il rappela le second au moment des adieux, pour le bénir, l'embrasser encore, et lui recommander de se souvenir que « dans la famille, on a toujours été fidèle à Dieu et au roi. » Il ne devait plus le revoir.

Vers le 15 janvier, il cessa de venir occuper sa place aux repas : il ne prenait plus que quelques cuillerées de lait à la glace; encore ne pouvait-il le faire qu'avec une difficulté inouïe.

Autour de lui et de sa femme, qui ne le quittait pas, se succédaient son fils aîné, ses filles, une sœur de l'Espérance, les dignes curés de Laroche et de Poil. Le premier, depuis longtemps son directeur, lui apportait plusieurs fois par semaine, bien avant le jour, le Pain des anges, qui est aussi la nourriture céleste des infirmes. Du second ces *Notes et Souvenirs* parlent quelque part pour apprécier « son tact, sa réserve, sa piété, son désintéressement. »

D'autres personnes encore se trouvaient fréquemment auprès du malade. Parmi ces amis fidèles jusqu'au bout, dont les délicates attentions adoucirent l'amertume de ces derniers jours, comment ne nommerions-nous pas MM. de Laplanche et Laurent Dugas, le même qui, à l'époque où M. de Galembert avait donné sa démission de maire, s'était montré pour lui « tout dévoué et plein de cœur? »

En 1871, le baron de Galembert avait écrit : « La religion chrétienne suit l'homme depuis le berceau jusqu'à la tombe : elle possède pour toutes les situations, tous les actes, toutes les épreuves de la vie, des sacrements, c'est-à-dire des sources d'eaux vives qui retrempent et fortifient. » Il savait donc qu'arrivés au terme de l'existence, nous n'avons pas épuisé tous les secours que la religion nous offre, mais qu'elle en tient de spécialement réservés pour le chrétien fidèle, sur le point d'affronter le combat final. Sans nul doute. la pensée de recevoir le sacrement des mourants le préoccupait : car, lorsqu'on lui en parla le 1er février, il répondit simplement : « Je ne m'y attendais pas pour aujourd'hui. »

La cérémonie eut lieu le matin ; elle fut profondément touchante. La famille, le régisseur, les domestiques étaient là : tous pleuraient. Seul le malade, que cette scène n'eût pas manqué d'émouvoir, s'il se fût agi d'un autre, conservait son calme ; il semblait même que sa sérénité s'accrût, à mesure que le prêtre faisait les saintes onctions, le sacrant, en quelque sorte, pour l'éternité. Quand tout fut terminé, comme il ne pouvait élever la voix, il pria Madame de Galembert de demander, en son nom, pardon à tous des peines qu'il avait pu leur causer ; puis les domestiques défilèrent devant son lit, et il serra la main à chacun d'eux.

Les jours suivants, une légère amélioration se produisit ; M. de Galembert fit deux ou trois tours de promenade, dans une petite voiture à bras. Il revit ainsi cet Etteveaux qu'il avait presque rebâti, et où vingt-huit années de sa vie s'étaient écoulées ; il parcourut encore ce parc, objet de ses soins, où chaque massif, chaque allée, chaque pièce d'eau, étaient son œuvre, et dont il aimait la solitude et les grands arbres.

L'hiver, particulièrement rigoureux cette année-là, venait de finir ; la nature s'apprêtait de nouveau à sourire au printemps, mais elle n'éveillait plus chez M. de Galembert l'admiration enthousiaste d'autrefois. Son esprit semblait déjà avoir dit adieu aux choses d'ici-bas ; plongé dans une sorte de religieux recueillement. c'est à peine s'il s'en laissait distraire par les réparties enfantines de sa plus jeune fille, comme s'il eût craint d'être troublé dans les graves pensées qui l'absorbaient. Pourtant, peu de temps auparavant, il aimait à écouter les chants joyeux de cette enfant et recommandait de cultiver plus tard sa voix, qui ne devait hélas ! se mêler qu'aux chœurs des anges, pour faire entendre les éternels cantiques. [1] Un seul souci

1. Le 30 décembre 1887, à quatorze ans, après une maladie de quelques mois, Louise de Galembert a rejoint son père dans le sein de Dieu... Elle est morte, comme lui, après avoir fait le sacrifice de sa vie et reçu tous les secours de la religion, comme lui aussi, soutenue par notre admirable mère... Dans ses derniers jours, pour ne pas attrister cette mère qu'elle aimait tant, elle ne

ne quitta jamais le baron de Galembert : attentif aux fatigues de ceux qui le soignaient, il exprimait souvent le désir et, au besoin, exigeait qu'ils allassent se reposer.

Le mardi 10 février, Mgr Lelong, évêque de Nevers, vint le voir et le trouva rempli d'admirables sentiments de soumission à la volonté de Dieu. Non moins humble que résigné, le malade, dans sa reconnaissance pour cette visite du premier pasteur du diocèse, craignait qu'elle n'eût été « un excès d'honneur pour sa modeste personne. »

Il passa le mercredi et le jeudi dans un mieux relatif; mais, le vendredi 13, il eut beaucoup de peine à remonter dans sa chambre; l'heure fatale approchait... Vers minuit, il fut pris d'un violent accès de fièvre; alors il demanda d'envoyer des dépêches à ses enfants absents : il eût souhaité les voir tous autour de lui. Puis les souffrances devinrent atroces : c'était la lutte dernière entre la vie et la mort, entre une nature robuste, vigoureuse, et une implacable maladie. Madame de Galembert, dont trois mois de veilles avaient pu épuiser

lui parlait que de sa guérison prochaine, tandis qu'elle demandait à sa sœur aînée « de l'avertir, si elle la trouvait bien malade, car elle se préparerait à mourir. » La petite fille était devenue subitement patiente, grave, recueillie, presque héroïque... A onze ans. elle avait écrit dans un cahier de devoirs : « J'aime beaucoup voir les églises pleines ; cela me fait plaisir de penser que bien des personnes viennent adorer le bon Dieu. » A la page précédente on trouve ces lignes bien au-dessus de son âge : « On est si heureux de prier là où dorment ceux qu'on a perdus, qu'on s'y oublierait. .; on se sent là moins loin d'eux »... Depuis le 2 janvier 1888, sa dépouille mortelle repose, à côté de celle de son père, dans le caveau de la chapelle d'Etteveaux. Et nous qui restons, nous allons souvent prier près de leurs tombes, pour *nous sentir moins loin d'eux.*

les forces, mais non diminuer le courage, le soutenait
et l'exhortait. Elle lui conseilla de dire cette invocation :
Jésus, Marie, Joseph, sauvez-moi. Il changea les derniers
mots, et dit distinctement : *Emmenez moi*. Vers le
matin, la respiration devint plus difficile, l'intelligence
parut s'obscurcir : mais, se recueillant soudain dans
un effort suprême, il leva la main pour bénir ses
enfants présents et bénit aussi, en les nommant succes·
sivement, ceux qui manquaient à ces adieux. Un peu
après, il sourit à l'excellent ami dont nous avons parlé
et qui entrait alors dans sa chambre.

A partir de ce moment, le monde parut ne plus exis·
ter pour le malade ; le calme s'était fait dans ses souffrances ; de temps à autre seulement, ses yeux s'ou-
vraient pour chercher le crucifix qu'il tenait entre ses
mains, le même sur qui s'était reposé le regard mourant
de sa mère. Auprès de lui, on pleurait, on priait
agenouillé. Un cierge bénit brûlait à côté du lit. Vers
midi, le prêtre crut l'instant venu de réciter les prières
des agonisants ; il disait : *Pars, âme fidèle, sors de ce
monde, au nom du Père qui t'a créée, au nom du Fils
qui a souffert pour toi, au nom de l'Esprit-Saint dont
tu as reçu l'effusion.... Que ta place soit aujourd'hui
dans la paix, et ta demeure dans la sainte Sion.*
M. le curé de Poil donna une dernière bénédiction au
chrétien qui n'avait cessé d'être l'exemple de sa paroisse ; et à une heure de l'après-midi, le samedi 14 février 1880, l'âme immortelle se dégageait de ses liens
terrestres et périssables... Le baron de Galembert avait
cessé de souffrir...

II. Ainsi qu'il l'avait demandé à Notre-Dame de Lourdes en quittant la Grotte le 13 juin 1879, M. de Galembert était mort, l'esprit et le cœur en paix, sans secousses, sans trouble, dans l'espérance du ciel et sous les regards du crucifix.

Sur son visage, la mort avait imprimé sa majesté tranquille; les traits avaient repris leur sérénité habituelle; la maigreur des chairs, les cavités des joues témoignaient seules des souffrances passées. Couché sur son lit funèbre, il rappelait à la pensée les patriarches, tels que les Saintes Écritures les représentent lorsque, pleins de jours et de vertus, ils retournaient vers le Dieu dont ils avaient gardé la loi. N'avait-il pas, comme eux, constamment vécu dans la crainte du Seigneur, toujours marché dans ses sentiers, et réalisé ainsi cette parole : *Beatus vir qui timet Dominum ; qui ambulat in viis ejus*[1] ?

Pendant deux jours, il y eut, dans la chambre mortuaire, une pieuse affluence. Les funérailles eurent lieu le mardi 17 février. Après la levée du corps, le cortège se dirigea vers le village de Poil, où le service devait être célébré. Les longues files du convoi se déroulaient sur la route, tandis que les chants sacrés se faisaient

1. Psaume CXXVII.

entendre et que les cloches de l'église invitaient les paroissiens à la triste cérémonie.

Le cortège était bien celui qui lui convenait : en tête, la croix rappelant sa fidélité à la foi de ses pères ; puis les enfants de l'école qu'il avait fondée, les pauvres qu'il avait secourus ; ensuite, le cercueil porté par les fermiers, qui avaient réclamé cet honneur ; enfin venaient les domestiques pleurant leur bon maître, les parents, les amis se pressant autour de ceux que sa mort avait faits orphelins.

On revint à Etteveaux dans le même ordre, et la dépouille mortelle du baron de Galembert fut déposée dans un caveau, sous la chapelle, ainsi qu'il en avait manifesté le désir dans son testament. C'est là qu'elle repose maintenant, en attendant la résurrection éternelle.

Dans cette chapelle, M. de Galembert venait autrefois régulièrement, chaque matin et chaque soir, se recueillir et prier. Fidèles à son exemple, les habitants du château s'y rendent aussi fréquemment, et ils ne manquent jamais, le soir, de s'y réunir, pour réciter la prière en commun. Ils n'oublient pas, dans cette prière, celui qui n'est plus ; mais ils lui demandent en même temps aide et protection, à lui qui, ils en ont la ferme confiance, contemple aujourd'hui la Beauté éternelle et l'infinie Bonté.

Après la mort de M. de Galembert, quelques vers furent retrouvés dans son appartement. Nous donnons telles quelles, sans dates, sans rimes même, ces im-

parfaites ébauches. Il ne faut plus y chercher le poète,
mais l'homme paraît encore.

C'est d'abord le début d'un chant sur Noël :

« *Noël ! ô chers enfants ! oui ! c'est bien votre fête :*
Car Jésus en ce jour voulut, ainsi que vous,
Avoir un sein de femme où reposer sa tête,
    La main sur ses genoux.

» Regardez-le sourire à la Vierge Marie ;
Rechercher ses baisers, ses caresses d'amour ;
Comme vous, caresser une mère chérie,
    A chaque instant du jour... »

C'est ensuite un retour sur le passé, un appel au
sommeil de ses vingt ans :

« *Sommeil de mes vingt ans !* chaque nuit, je t'appelle :
Tu t'enfuis, rapide, à tire d'aile.....
Et toujours à ma voix tu te montres rebelle,
Fuyant, tu fuis mon front ridé.....
Tu n'aimes te pencher que sur riants visages..... »

Puis enfin, sans titre, six vers sur sa triste agonie :

« Voici donc le destin que Dieu m'a réservé :
Le trouble douloureux d'un esprit énervé,
Qui ne voit plus partout qu'effrayantes chimères,
Qui traîne son boulet d'éternelles misères.
Ce n'est plus vivre, hélas ! c'est lentement mourir :
Le flambeau va s'éteindre et le râle venir ! »

A l'occasion de la mort du baron de Galembert, son fils aîné reçut de Monseigneur le comte de Chambord la lettre suivante :

« Goritz, le 29 février 1880.

» Je suis fort attristé, Monsieur, de la mort de votre excellent père. Je savais que depuis plusieurs mois sa santé était sérieusement ébranlée, et plus d'une fois j'avais été édifié par ce qu'on me rapportait de la sérénité de son âme au milieu des plus vives souffrances. Mes regrets sont d'autant plus sincères qu'il n'avait cessé d'acquérir de nouveaux titres à mon estime et à ma reconnaissance.

» Ce qui m'avait frappé chez le baron de Galembert, dès l'époque déjà lointaine où il vint m'apporter l'expression d'un dévouement héréditaire, c'était la fermeté de ses convictions, son attachement invincible aux principes nécessaires dont l'abandon constitue pour les sociétés une cause de périls renaissants et de ruine certaine. Sans se laisser éblouir par les théories dont ce siècle a plus que tout autre subi les désastreux effets, il ne fut jamais de ceux qui s'imaginent pouvoir remplacer la fixité des principes par la nouveauté des expédients, par l'habileté des hommes ou les calculs de la politique. S'il ne lui a pas été donné de voir le triomphe de la cause qu'il a si bien servie, il a pu du moins constater, au spectacle de la confusion toujours croissante, à quel point il était dans le vrai.

» Personne n'a mieux que lui compris et pratiqué les grands devoirs que nos amis ont à remplir dans leur province, et mieux suivi les conseils que je n'ai cessé

de leur donner à ce sujet. Ce sera la meilleure part de son héritage de considération, de respect et de reconnaissance dont ses enfants recueilleront les fruits. On pouvait en toute vérité dire de lui qu'il avait gravé dans son cœur la devise qu'on lit sur la porte de cette vieille école de Pont-Levoy, dont il fut un des élèves les plus brillants, devise qui résume avec tant d'éloquence toute l'histoire de notre France chrétienne, de nos gloires et de nos grandeurs : Religioni et Patriæ.

» Vous ne l'oublierez jamais, j'en suis certain, vous que Dieu appelle, si jeune encore, à devenir le soutien de votre courageuse mère, à laquelle je vous charge de dire spécialement combien ma femme et moi nous nous associons à sa douleur. Que vos oncles paternels sachent aussi en quelle estime je tenais leur frère. Vous trouverez dans les conseils et la protection de votre oncle d'Aboville, qui connaît mes sentiments pour lui, un précieux secours dans cette cruelle épreuve.

» Comptez, ainsi que vos frères, sur toute mon affection.

Henri. »

Cette lettre de l'auguste exilé en qui le baron de Galembert n'avait cessé de placer son espoir, rendait du bon et loyal serviteur un précieux témoignage. Elle apportait aussi une consolation à sa famille affligée, et confirmait en quelque sorte le conseil que dans son testament, après avoir exprimé le désir que la jeunesse de ses fils fût occupée et qu'ils suivissent une carrière,

M. de Galembert donne à tous ses enfants : « de se montrer catholiques de cœur, de pensées et d'œuvres ; »
et « d'être pour le roi ce que leur père a toujours été. »

Dans le même testament, M. de Galembert recom-
mande également à ses enfants : « D'aimer et de
vénérer leur mère ; d'être unis entre eux, de s'aimer et
de s'entr'aider mutuellement, » leur assurant « que
Dieu bénit les nombreuses familles, à la condition que
les membres dont elles se composent se rendent dignes
de cette bénédiction. » C'est pour aider à cette bénédiction en resserrant encore, s'il est possible, des liens
déjà si forts, que nous avons reproduit ces notes et
impressions qui, sans aucun doute, n'avaient pas été
écrites dans ce but. Les ayant lues, nous avons pensé
qu'elles ne devaient pas être le patrimoine d'un seul,
mais que tous y avaient des droits. La tendresse paternelle, comme la tendresse de Dieu dont elle découle,
ne s'étend-elle pas à tous les enfants ; et ne peut-on
dire de l'une, dans une certaine mesure, comme du
pain mystérieux qui est la divine expression de l'autre :

Chacun en a sa part et tous l'ont tout entier ?

Ce livre fixe la trace des nobles exemples dont nous
avons été témoins ; nous voudrions qu'il en prolongeât
la salutaire influence. Pour nous, le souvenir de notre
père ne cessera point d'être l'étoile qui dirige et l'appui

qui rend fort ; et ce souvenir, nous aimerons à le
raviver encore à la lecture de ces pages dont chacune
porte l'empreinte de son âme. Puissent-elles aussi un
jour, quand à notre tour nous aurons disparu, être
feuilletées souvent par les petits-enfants du baron de
Galembert! Elles leur montreront, dans l'aïeul, l'homme
juste qui place le témoignage de la conscience bien au-
dessus des vaines louanges des hommes; elles leur
apprendront, par lui, à vivre et à mourir en chrétiens :
et ainsi, selon la parole des Livres Saints, le défunt en-
seignera encore : *Defunctus adhuc loquitur.* [1]

---

1. *Épitre aux Hébreux.* II. 4.

UN PÈLERINAGE

A NOTRE-DAME DE LA SALETTE

UN PÈLERINAGE

A Notre-Dame de la Salette[1]

Ce n'est pas une vaine pensée d'amour-propre qui m'engage à publier ces vers. L'amour-propre serait ici mal placé : je n'ai ni le nom ni le talent du poète, et, de nos jours, l'autorité du nom constitue une des premières conditions du succès. Indépendamment, d'ailleurs, de cette considération personnelle, il faut bien reconnaître que le moment actuel est peu favorable à l'éclosion poétique.

La poésie, de la part de l'écrivain comme de la part du lecteur, demande le calme de la vie, la sérénité de l'âme, le recueillement de la pensée ; elle exige, en un mot, le *sursum corda*, qui fait planer l'intelligence dans les hautes régions, au-dessus des horizons bornés, et dispose le cœur à la Foi, l'Amour, l'Espérance, ces trois sources de l'enthousiasme, sans lequel il n'y a pas de véritable poète.

Or notre époque, qui le nierait ? se préoccupe, avant tout, des

---

1. *Un pèlerinage à Notre-Dame de la Salette* a déjà paru à Tours, en 1865.

questions matérielles. Elle concentre la plupart de ses aspirations dans la satisfaction rapide de désirs immodérés de
jouissances. Elle est troublée, inquiète quant aux choses de
l'ordre intellectuel et moral. Si on ne peut pas, sans exagé-
ration, la dire entièrement sceptique, elle semble, aux yeux
de tout observateur réfléchi, flotter dans une sorte de lueur
crépusculaire qui n'est pas encore la nuit, mais qui n'est plus
le jour.

Ces différentes causes et surtout cet état d'hésitation entre
la vérité et l'erreur expliquent la stérilité du temps présent,
sauf de rares exceptions, en fait d'œuvres sérieuses de poésie
et, en général, des diverses branches de l'art. Du doute ne
saurait découler l'inspiration. Si ce siècle est fécond, il n'est
pas réellement créateur. Par son éclectisme appliqué à la
poésie, aux beaux-arts comme à la philosophie, il vit bien
plus sur le passé que sur son propre fonds, et la plupart des
fruits qu'il produit tombent de l'arbre avant d'avoir atteint
leur maturité. Un coup d'œil jeté sur la littérature contem-
poraine suffirait pour justifier cette appréciation.

Que sont devenues les grandes voix poétiques dont les
premiers chants charmèrent, il y a plus de trente années,
notre jeunesse ? Que sont devenus les écrivains dont cette
génération salua avec enthousiasme les vers, inspirés souvent
par le génie, toujours au moins par le talent ? Quelques-uns
se sont voués au silence, manière la plus digne de porter le
deuil de la muse envolée. D'autres ont échangé le pinceau du
poète contre la plume du critique, de l'historien. Ceux-ci
se sont jetés dans la mêlée politique ; ceux-là, et le nombre
en est grand, ont cherché des triomphes plus faciles et surtout plus productifs dans le feuilleton, le théâtre, le roman.
Mais tous ont abandonné la route première : tant le sol
leur parut ingrat ! tant ils virent promptement s'effeuiller une
à une leurs généreuses illusions ! Il faut une énergie peu
commune pour résister au cours impétueux du torrent ; l'*impa-
vidum ferient ruinæ* d'Horace est un spectacle aussi rare en
littérature qu'en morale.

Pourquoi donc des vers, malgré ces chances personnelles et
générales si contraires ?...

En présence du rationalisme contemporain qui, dans les dif-

férents rameaux des connaissances humaines, s'attaque auda-
cieusement à l'invisible, au surnaturel, nie Dieu, sa puissance
créatrice, son action providentielle, tout homme, ayant eu le
bonheur de conserver intact en son âme le dépôt de véri'és si
impudemment outragées, doit, à mon avis, affirmer ses croyances,
sans ostentation, mais aussi sans faiblesse. Chacun de nous est
appelé à prendre part comme soldat, sinon comme chef, à
cette lutte du vrai contre l'erreur, de la lumière contre les ténèbres. Chacun de nous, dans la mesure de ses forces et suivant les tendances particulières de sa nature, doit apporter sa
pierre, quelque petite qu'elle soit, aux fondements de l'édifice
réputé jusqu'ici comme sacré par les siècles, et dont des mains
ennemies s'efforcent aujourd'hui d'ébranler les assises, de con-
sommer la ruine !

Quant à moi, je rends grâces à Dieu de ce qu'ayant daigné, à
l'intercession de Marie, étendre son bras protecteur sur une
tête qui m'est chère[1], il me donna l'occasion, en le remerciant
de sa bonté, de joindre ma faible voix à tant d'autres plus au-
torisées, plus éloquentes, qui protestent journellement en faveur
du surnaturel, du divin, et défendent ainsi les éternels principes de la religion et de la société.

Quelle que soit donc la destinée de ce simple récit d'un pèlerinage à la Salette, l'auteur aura du moins atteint son but : car
il aura accompli ce qu'il regarde comme un devoir, et l'accomplissement du devoir est la plus douce des récompenses pour
quiconque croit et espère ! *Etteveaux*, 1er *mai* 1865.

----

1. M. de Galembert veut parler ici de son second fils.

A LA VIERGE MARIE

Monstra te esse matrem.

I

Qui ne répand des pleurs sur cette triste terre ?
On en voit s'échapper même des yeux des rois ;
Nous tous, grands ou petits, nous montons au Calvaire
    En portant notre croix !

Quand Jésus, tout sanglant, accablé par l'outrage,
Lentement parcourait sa route de douleurs,
La pitié d'une femme essuya son visage
    Ruisselant de sueurs :

Ainsi, quand traversant le désert de ce monde,
Épuisés, nous tombons sur le bord du chemin,
Tu viens vers nous, ô Vierge à la bonté profonde,
    Tu nous prends par la main ;

De nos pas chancelants tu soutiens la faiblesse,
Et rendant l'espérance à nos cœurs abattus,
Tu leur montres l'asile où l'humaine tristesse
    Retrouve ses vertus [1] !

---

1. *Vertu* est prise ici dans l'acception de son étymologie latine .
virtus, force.

Telle tu m'apparus en ce moment d'alarmes
Dont l'affreux souvenir me glace encor d'effroi,
Lorsque je vis mon fils, l'œil hagard et sans larmes,
    Étendu devant moi ;

Ses membres se tordaient, raidis par la souffrance :
Son front, soudain couvert d'un voile de pâleur,
Ne montrait plus, hélas ! de la première enfance
    La candide fraîcheur !

Éperdu, je t'implore, ô de Jésus la mère,
Toi qu'un jour transperça le glaive douloureux ;
« Épargne, te disais-je, à mon âme de père
    Un destin rigoureux :

» Si de ma tendre fleur tu détournes l'orage,
A la Salette, autel que tu t'es consacré,
J'irai porter mes pas, vénérer ton image,
    J'en fais le vœu sacré ! »

Doux transport ! à ma voix tu souris, ô Marie :
Par ta main, de l'enfant les yeux s'ouvrent au jour :
Ta puissance a rendu la couleur et la vie
    Au fruit de mon amour !

Et moi, le cœur rempli d'une joie ineffable,
Saisissant le bâton noueux du pèlerin,
Je quitte le foyer, je prends, infatigable,
    Des Alpes le chemin.

II

Le soleil lentement terminait sa carrière ;
Il répandait encor de grands flots de lumière
Sur les flancs du Gargas aux sommets élancés :
Mais l'astre, en s'inclinant, laissait déjà dans l'ombre
La gorge où le torrent roule son onde sombre,
Dans un lit de rochers l'un à l'autre enlacés.

Je suivais un sentier suspendu sur l'abîme,
Que domine des monts la nuageuse cime :
Sinueux, il se perd tantôt au sein des bois
Et tantôt va couper quelque large clairière,
Où se montre aux regards une pauvre chaumière,
Asile du bonheur de simples villageois !

Au détour du chemin, d'une modeste église
S'échappe, en sons pieux apportés par la brise,
Le signal solennel de l'Angelus du soir.
Ah ! dans ces lieux bénis, imprégnés de Marie,
Le ciel attire l'âme ; elle s'élève, prie,
Et rapporte d'en haut la manne de l'espoir.

Bientôt il faut gravir la pente plus rapide
De sommets dénudés, à l'aspect sec, aride,
Où le brin d'herbe même est brûlé, languissant :
Plus d'arbres, plus de fleurs, ni moissons sur la terre ;
La nature sans voix partout est solitaire ;
A peine l'on découvre un rare oiseau passant.

Tout à coup, près du bord d'une large ravine,
Que sonde avec effroi le regard qui s'incline,
De distance en distance apparaissent des croix :
Ces croix, du pèlerin relèvent le courage ;
Il entrevoit prochain le terme du voyage,
Que naguère appelait et son cœur et sa voix.

O signe de salut ! tel qu'un phare sublime
Sur le vaste Océan, sur la neigeuse cime,
Au milieu des déserts, on le trouve en tous lieux !
L'homme éclairé par toi triomphe de lui-même,
Des écueils, de la mort, de sa misère extrême :
Tu ramènes ses pas dans la route des cieux.

Quand la dernière croix eut disparu voilée
Par l'ombre, qui, tombant de la voûte étoilée,

Commençait à couvrir les monts d'un manteau noir,
Sur le sommet voisin vint s'offrir à ma vue
Un temple, dont la nef semblait toucher la nue,
A travers la lueur incertaine du soir.

Qui donc a posé là le superbe édifice,
Sur cet étroit rocher bordé d'un précipice,
Où se balance seul en planant le vautour ?
Quelle main aussi haut a pu rouler la pierre ?
Qui donna des trésors, pour que ce sanctuaire
Dominât en vainqueur le pays d'alentour ?

La foi seule possède une telle puissance ;
Elle inonde le cœur de force, d'espérance !
Pour transporter les monts, c'est un levier sacré :
En bâtissant ce temple, elle a marqué la place
Où Marie imprima l'ineffaçable trace
De son pied immortel à jamais vénéré !

III

Enfin, j'arrive au seuil de la pieuse entrée ;
Je m'avance à pas lents dans l'enceinte sacrée :
Quel spectacle saisit mes yeux, mon cœur émus !
Des pèlerins fervents, de tous lieux accourus,
Se pressaient dans la nef majestueuse, sombre ;
Prosternés, ils priaient, pleins de silence et d'ombre !
Mille cierges brillants entouraient de splendeur
Les colonnes, la voûte et les arceaux du chœur.
Au-dessus de l'autel, la statue éclatante
De la Reine des cieux se dressait triomphante ;
Un diadème d'or, parsemé de rubis,
Richement encadrait son front pur comme un lys ;
Sur sa tête, on voyait un cercle de lumières
Imiter par leurs feux ces étoiles premières
Qui scintillent le soir, dès le déclin du jour.
Les regards de la Vierge, abaissés, pleins d'amour,

Contemplaient tendrement à ses pieds, devant elle,
Deux timides bergers abrités sous son aile ;
Pauvres enfants obscurs, destinés au bonheur
D'admirer sur ces monts, par un insigne honneur,
Celle dont la beauté toute beauté surpasse,
Qui, près de Jéhovah, tient la première place !
Partout apparaissaient, suspendus au saint lieu,
De touchants ex-voto pour la Mère de Dieu :
Ils exprimaient l'espoir, une humble confiance,
Ou les ardents transports de la reconnaissance.
Ici, sous un tableau retraçant la fureur
Des flots près d'engloutir la barque d'un pêcheur,
On lisait : « Ah ! reçois de mes vœux cet hommage,
Étoile de la mer ! c'est toi qui du naufrage
As daigné me sauver, ainsi qué de la mort ;
Oui, toi seule as conduit ma voile vers le port ! »
Là, tout près de l'autel, une simple peinture
D'une femme montrait la suave figure,
Penchée avec amour sur le bord d'un berceau ;
Sa main blanche écartait doucement le rideau ;
Son limpide regard, où passaient de son âme
L'angoisse, les soupirs, la chaleureuse flamme,
Contemplait un enfant plongé dans le sommeil,
Fraîche et charmante rose au calice vermeil.
Quelques mots seulement formaient le commentaire
De l'ex-voto pieux de cette bonne mère :
« Tu me l'as arraché de l'horrible trépas,
Ce bel ange qu'un jour, Vierge, tu me donnas !
Tu pris pitié de moi ; sois à jamais bénie,
De m'avoir conservé l'essence de ma vie ! »
Combien ce doux langage allait droit à mon cœur !
Ce bonheur d'une mère, ah ! c'était mon bonheur !

Mais voici s'avancer, solennelle, pompeuse,
Des ministres de Dieu la phalange nombreuse :
S'étant mis à genoux sur les degrés sacrés,
Les prêtres du Seigneur ont leurs fronts inclinés.
L'un d'eux, noble vieillard, ouvre le tabernacle,
Où réside toujours, par un constant miracle,

Notre Sauveur Jésus en sa divinité :
Mystère de l'amour, prodige de bonté !
L'ostensoir sur l'autel, entouré de lumières,
Rayonne, et devant lui s'abaissent les paupières
De tous les pèlerins saisis d'un saint respect.
Ainsi quand l'Éternel, éblouissant d'aspect,
Parcourt de l'infini l'interminable espace,
Devant sa Majesté l'ange voile sa face !
L'encens fume, il remplit d'une suave odeur
Les voûtes de la nef et l'enceinte du chœur ;
L'orgue, aux puissants accords, soutient la mélodie
Que les voix font entendre en l'honneur de Marie :

« Salut, ô Reine des cieux ;
Salut, ô Reine des Anges,
Vous qu'exaltent les Archanges
Par leurs chants harmonieux !

» Salut, ô tige féconde,
Dont devait sortir, un jour,
Celui que le Dieu d'amour
Promit au rachat du monde.

» Vierge, réjouissez-vous :
En gloire, qui vous surpasse ?
Vous êtes pleine de grâce ;
Ah ! jetez les yeux sur nous !

» Exilés sur cette terre,
C'est vous que nous invoquons,
Et qu'en pleurant nous prions
De vous montrer notre mère !

» Oui, pitié de vos enfants,
Vous, leur plus sainte espérance :
Des chagrins, de la souffrance
Rendez leurs cœurs triomphants !

» Dans la céleste patrie,
Des humains l'unique port,
Menez-nous après la mort,
O douce Vierge Marie!   »

Le chœur quelques moments resta silencieux :
Puis il chanta cette hymne aux sons mélodieux :
« A vos pieds prosterné, mon Dieu, je vous adore !
Sous le voile du pain, je découvre et j'honore
          Votre divinité;
Mon être tout entier se soumet au mystère;
Car, pour vous contempler, je n'ai que la misère
          De mon indignité.

» Le toucher, le regard, et jusqu'au goût lui-même,
Tous les sens, en un mot, ô Majesté suprême.
          Ici sont impuissants;
Mais l'appui de ma foi, mais sa base profonde,
C'est le Verbe divin, dont votre Fils au monde
          Révéla les accents !

» Que la foi vienne donc donner avec largesse
Au défaut de nos sens, à l'humaine faiblesse.
          Un juste supplément;
De notre ardent amour offrons à Dieu le gage,
Entourons de respect et du plus pur hommage
          Un si grand sacrement !

» Corps sacré du Seigneur, Victime salutaire,
Dont le sang, répandu jadis sur le Calvaire,
          A l'homme ouvre les cieux :
Voyez, que d'ennemis menacent notre vie!
Que par vous leur fureur expire anéantie
          Sous nos efforts pieux ! »

Les chants sont suspendus ; d'une main vénérable.
Le ministre de Dieu prend l'hostie adorable.

La présente à la foule à genoux et sans voix;
Au nom de l'Éternel, il la bénit trois fois!
O solennel moment, Dieu se montre à la terre!
Il paraît à nos yeux sur ce mont solitaire,
Loin des splendeurs du monde et du bruit des cités;
Il est là tout entier dans ses immensités!
Mystérieux, caché sous une humble apparence.
C'est lui le roi du ciel, le roi de la puissance,
Lui que tout l'univers adore chaque jour,
Le maître de mon cœur, le Dieu de mon amour!.....
Le temple est retombé dans l'ombre, le silence.
Les pèlerins, remplis de la sainte présence,
De la paix du Seigneur, se retirent sans bruit;
Ils s'en vont demander le repos de la nuit
A l'hospitalité du vaste monastère,
Qui s'élève voisin des murs du sanctuaire.
Là, quels rêves touchants les bercent tour à tour!
Quels transports inspirés par le divin amour!
Quel tranquille sommeil, ô montagne bénie,
Verse ta solitude, oasis de Marie!

IV

Dès que l'astre du jour sur les grands sommets luit,
Chassant par ses clartés les ombres de la nuit.
Un prêtre vient montrer à la foule pieuse
L'endroit où se passa la scène merveilleuse.
Sa parole est l'écho de celle des bergers,
De deux petits enfants, célestes messagers.

Ils s'étaient endormis près d'une source pure.
Qui faisait, par moments, entendre le murmure
          Faible et doux de ses eaux;
Sous un ciel azuré, n'ayant pas un nuage.
Bercé par le zéphyr on dort vite à cet âge.
          En gardant ses troupeaux.

Mais hélas ! au réveil, les vaches disparues
Ne se trouvent plus là ! « Seraient-elles perdues ?
    Disent-ils en pleurant. »
Ils courent explorer les sommets, les vallées ;
O bonheur ! sur un mont toutes sont rassemblées,
    Tranquillement paissant.

Gaîment ils revenaient tous deux vers la fontaine,
Quand, au fond du vallon, une clarté soudaine
    Vient briller à leurs yeux ;
D'un éclat plus ardent que la vive lumière
Du soleil embrasé, poursuivant sa carrière
    Dans la voûte des cieux.

Ils avancent pourtant ; mais nouvelle surprise !
Une femme, près d'eux, leur apparaît assise
    Au sein de la clarté ;
Elle voile en ses mains son regard, sa figure ;
Ainsi sous la feuillée une pervenche pure
    Se cache, un jour d'été.

Bientôt Elle se lève ; on eût dit une reine,
Tant cette femme avait de majesté sereine
    En son noble maintien ;
Ou plutôt on eût dit un ange dans ce monde,
Envoyé parmi nous par la faveur féconde
    De l'auteur de tout bien.

Son visage unissait à la splendeur divine
Une fleur virginale, une grâce enfantine,
    Mélange harmonieux !
Tels traça Raphaël, aux débuts de sa vie.
Les traits des Séraphins, de la douce Marie,
    De son pinceau pieux !

Des perles, des saphirs ornaient sa robe blanche ;
A l'entour de son corps, qui, par moments, se penche,
    Souple comme un roseau,

Des roses composaient une fraîche ceinture ;
Ces fleurs servaient encor de cadre, de parure.
    A son front pur et beau.

Son blanc fichu, modeste, était bordé de roses.
Ses pieds également ; elles semblaient écloses
    Sous chacun de ses pas.
Une chaîne brillante, à son cou suspendue,
Portait une croix d'or, où s'offrait à la vue
    Le vainqueur du trépas.

Ses bras étaient croisés sur sa chaste poitrine,
Pose habituelle au corps que saintement domine
    L'ineffable pudeur :
Elle ne projetait sur le sol aucune ombre,
Et pourtant le soleil, par ses rayons sans nombre.
    L'inondait de splendeur.

Les deux jeunes bergers, la paupière éblouie.
Immobiles restaient : leur âme était saisie
    De peur, d'étonnement ;
Mais Elle, avec des yeux où se lit la tendresse
Les regarde, et sa voix sublime leur adresse,
    Ce saint enseignement :

« Enfants chers à mon cœur, doucement leur dit-Elle.
    Déposez tout effroi ;
Je viens pour vous conter une grande nouvelle.
    Approchez-vous de moi.

» Le monde est infidèle aux lois de l'Évangile,
    Aux plus simples vertus ;
Comme un coursier fougueux, à tout joug indocile.
    Rien ne l'arrête plus.

» Le jour que le Seigneur réserva pour lui-même
    Sans cesse est profané;
Et toute lèvre humaine exhale du blasphème
    Le souffle empoisonné !

» Ah ! qui laisse aujourd'hui s'échapper de son âme,
Le matin et le soir,
La prière, semblable aux parfums, à la flamme,
Sortis de l'encensoir ?

» Qui s'en vient adorer Jésus-Christ dans ses temples ?
Quelques rares croyants :
Et la foule railleuse abreuve leurs exemples
De propos insultants !

» On permet tout au plus à la femme, à l'enfance,
Aux gens simples et vieux,
Le culte de la foi, ce débris d'ignorance
Laissé par leurs aïeux.

» Il n'est pourtant qu'un Dieu, source de la lumière,
Et qu'une vérité :
Elle commande à tous, à la richesse altière,
A l'humble pauvreté !

» Oui ! ce sont ces erreurs, ces attentats, ces crimes,
Enfants, je vous le dis,
Qui demandent vengeance et nombreuses victimes
A la main de mon Fils.

» Cette main, instrument de divine colère,
Qui peut la retenir,
Quand elle se soulève, implacable, sévère.
Pour frapper, pour punir ?

» Je vois mille fléaux, et cruels et rapides,
Prêts à tomber des cieux,
Si l'homme persévère en ses desseins perfides,
En ses faits odieux.

» En vain le laboureur jettera la semence
Dans un profond sillon :
Soudain s'envoleront ses rêves d'espérance.
Au jour de la moisson.

» La Famine viendra, promenant la bannière
   De ses tristes douleurs :
Spectre, à l'aspect livide, et que suit la misère,
   Les yeux remplis de pleurs !

» O mères, vous verrez vos fils à la mamelle
   Saisis, entre vos bras,
D'un mal mystérieux, qui de la mort appelle
   L'inexorable glas.

» Faites passer, enfants, au monde ma parole,
   Dites-la promptement ;
Car, mon peuple, je l'aime, et mon cœur se désole
   De tant d'aveuglement.

» Ah ! puisse-t-on fléchir la jalouse colère
   Du puissant Roi des Rois,
Du Dieu juste, mais bon, qu'apaise la prière
   De suppliantes voix ! »

Elle se tut alors, sortit de la ravine
En dirigeant ses pas vers la cime voisine ;
   Les bergers la suivaient :
Dans sa marche légère, ô céleste prodige,
A peine Elle inclinait des doux gazons la tige,
   Que ses pieds effleuraient !

Elle arrive bientôt au sommet de la cime,
S'arrête tout-à-coup, jette un regard sublime
   Sur la terre, les cieux ;
Puis lentement s'élève au milieu de l'espace,
Laissant une clarté comme dernière trace
   De son corps radieux !

Les deux jeunes enfants, la clarté disparue,
Cherchaient à découvrir, dans la vaste étendue
   Du firmament d'azur,

S'ils reverraient encor cette femme si belle :
Mais l'aigle seul passait, en fendant de son aile
      L'air transparent et pur !

Ils se disent soudain : « C'est sans doute une sainte :
A son aspect d'abord nous eûmes de la crainte,
      Ensuite de l'amour ;
Tant son tendre regard semblait chérir le nôtre !
Ah ! si nous eussions pu la suivre l'un et l'autre
      Dans son brillant séjour ! »

Dès qu'ils ont réuni leurs vaches dispersées.
Tout en s'abandonnant aux suaves pensées
      De leurs cœurs innocents,
Ils regagnent joyeux le chemin du village,
Empressés d'y porter du glorieux message
      Les fidèles accents.

V

Le prêtre, à ce moment, fit un profond silence :
Comme s'il eût voulu donner plus de puissance
Aux généreux élans de sa brûlante ardeur,
Il parut méditer dans le fond de son cœur.
Mais bientôt reprenant d'une voix grave, émue.
Sa parole sacrée un instant suspendue :
» Zélés chrétiens, dit-il, réunis sous mes yeux,
Vous avez entendu le récit vrai, pieux,
De deux humbles pasteurs, à l'âme simple, pure,
Que ne saurait atteindre un soupçon d'imposture.
Ce récit est passé du village aux cités,
Et ces faits merveilleux. à l'envi répétés,
Ont traversé les mers, ont parcouru le monde,
Laissant de leur passage une trace profonde.
D'une voix unanime on s'est dit en tous lieux,
Dans le réduit du pauvre et le palais soyeux :

La vision céleste aux enfants apparue
Sur ces monts élevés, qui menacent la nue ;
Cette femme adorable, au visage si beau,
Que sainte ils ont nommée à tous dans le hameau,
C'est la mère de Dieu, c'est la reine des anges,
L'Étoile du matin dont chantent les louanges
L'univers et le ciel à tout instant du jour ;
C'est l'éternel printemps de l'Éternel séjour !

» Chrétiens, quand Jéhovah, de la céleste sphère,
Veut laisser échapper la voix de sa colère
Ou l'ineffable accent de sa tendre bonté ;
Quand il songe, du haut de son immensité,
A descendre ici-bas, pour révéler au monde
Un mystère rempli d'une grâce féconde ;
Quand Dieu veut, en un mot, lui-même intervenir
Dans le cours incertain des faits de l'avenir,
Il se sert de moyens petits en apparence,
D'êtres faibles, privés de l'humaine puissance,
Afin de mieux montrer qu'ils agissent par lui,
Qu'il est leur seul moteur, leur guide, leur appui,
Que pour ses grands desseins il prend leur main mortelle,
Que leur voix est l'écho de sa voix éternelle !
L'Archange, à Bethléem, apparut aux pasteurs !
Jésus, près de mourir, chargea quelques pêcheurs
De répandre partout la divine parole,
Ce germe créateur d'un sublime symbole !
Au milieu des martyrs, ces héros triomphants,
On a compté cent fois des femmes, des enfants,
Qui, ravis au-dessus et du sexe et de l'âge,
Affrontaient le trépas avec un saint courage !
Ah ! c'est que le Dieu fort les avait pénétrés,
C'est qu'ils étaient en lui comme transfigurés :
Par leur faiblesse même il fondait son Église
Sur un roc de granit, inébranlable assise !

» Mais hélas ! chrétiens, vous savez, comme moi,
Combien ont rejeté les dogmes de la foi !

Que d'hommes, de nos jours, outragent la croyance
De l'univers entier dans une Providence !
Leur Dieu, s'ils en ont un, c'est un Dieu sans amour,
Impassible, coulant, en son heureux séjour,
Une vie égoïste, à jamais solitaire,
Sans daigner abaisser un regard sur la terre.
Quel souci prendrait-il du monde, des humains :
Ils ne sont pas sortis de ses divines mains !
La matière ? elle existe et vit par elle-même,
En vertu de sa force intrinsèque, suprême ;
Coéternelle à Dieu, sans principe, sans fin,
Elle seule suffit à son propre destin :
Ainsi, suivant tous deux leur marche parallèle,
Ils ne peuvent se joindre en la route éternelle !
N'ont-ils pas dit aussi, ces gens à l'esprit fort :
L'homme est le maître unique, absolu, de son sort :
De lui seul il relève, et sa libre pensée,
Guide infaillible, sûr, régit sa destinée.
La raison, Dieu de l'être, arbitre des humains,
Seule rend, ici-bas, des arrêts souverains ;
Ce qui viole ses lois, sous le nom de mystère.
Doit être sans pitié banni comme chimère.
L'invisible est un leurre, il n'a rien de réel :
Notre esprit ne saurait croire au surnaturel.
Avons-nous donc besoin de prétendus miracles :
Il est passé le temps où de trompeurs oracles
Abusaient, sans pudeur, de la crédulité
De peuples primitifs pleins de naïveté.
Les siècles ont marché : le progrès, les lumières
Ont pénétré le sein des nations entières.
A ces rayons nouveaux l'homme, enfin, s'est connu !
Pour la première fois il s'est appartenu,
Et mettant à profit sa raison, libre, pure.
Par elle il a sondé le fond de sa nature ;
Il s'est trouvé debout au sein de l'univers,
Comme un roi commandant à des peuples divers.
Qui, seul, ayant fondé sa suprême puissance.
Ne doit compte qu'à lui de son indépendance !

» De nos temps si troublés telles sont les erreurs !
L'orgueil jusqu'à ce point s'est emparé des cœurs !
Sans doute ils n'ont jamais, ces prôneurs de sagesse,
En leur âme senti la poignante tristesse ?
Sans doute ils n'ont jamais, dans un moment d'effroi,
Eu besoin de crier : Mon Dieu, secourez-moi ?
Hélas ! ils ont pourtant leur contingent de peines ;
Mais nul rayon d'espoir n'illumine leurs chaînes.
Je l'affirme, ah ! souvent ils ne sont pas heureux ;
Chrétiens, en les plaignant, prions, prions pour eux !
Demandons que l'effet d'une grâce secrète
Conduise un jour leurs pas au mont de la Salette,
Leur œil indifférent, tout au plus curieux,
Contemplera d'abord les grandeurs de ces lieux ;
Mais la Vierge, envoyant la céleste rosée
Qui pénètre, attendrit le cœur et la pensée,
De la foi fera naître en eux les fruits si doux :
Ils s'en iront, chrétiens, en croyant comme vous ! »

FRAGMENTS DIVERS

APPENDICE

I. La Semaine sainte

« Les deux cérémonies les plus touchantes de la Semaine
sainte sont : le jeudi, celle dans laquelle le prêtre porte solennellement au reposoir la sainte hostie et le calice, et, le vendredi,
celle de l'adoration de la croix.

» Le Jeudi saint fait contraste avec les autres jours de la
grande semaine ; le prêtre est revêtu d'habits de fête, l'autel
est paré, le *gloria in excelsis* retentit, les cloches sonnent pour
la dernière fois. L'Église célèbre pompeusement l'institution de l'Eucharistie, le mystère de l'amour. Cependant, quand
le prêtre laisse le tabernacle vide et ouvert, et qu'il va porter
le corps de Notre-Seigneur au reposoir, où il le dérobe aux regards par des voiles de soie, on pressent la cérémonie du lendemain, la croix et le tombeau !

» Comme la cérémonie de l'adoration de la Croix, le Vendredi
saint, est grande dans sa simplicité ! L'autel est en deuil ; le
prêtre, sans ornements, découvre lentement et successivement
chaque partie de la croix, qu'il adore, prosterné humblement
sur les dalles du temple. On récite les admirables lamentations
de Jérémie, prophétisant la ruine de Jérusalem comme punition
de son crime ; on répète plusieurs fois : « Voilà le bois de la
Croix, *ecce lignum Crucis !* » Que de choses disent ces trois mots !
Puis vient l'énumération des bienfaits de Dieu au peuple Juif,
bienfaits payés par la mort de Jésus !... L'*ecce lignum Crucis*
résume le christianisme.

» Cette religion, qui a changé le monde, est partie de là ; elle est sortie de ce bois réputé signe d'infamie! C'est un homme mort de la mort des scélérats, un crucifié, couvert d'injures, d'ignominie, qui établit une doctrine triomphant de tous les obstacles, combattant victorieusement toutes les puissances, et, ce qui est plus merveilleux encore, toutes les passions. Le seul pouvoir humain ne saurait fonder une religion sur une pareille base; la pensée n'en viendrait même pas à une intelligence d'homme. Et cependant, cette entreprise a réussi, les faits l'attestent depuis dix-huit siècles. Donc, cette pensée, cette entreprise, cette réalisation, ces faits sont divins; donc cette religion est divine. N'est-ce pas le cas de s'écrier : *O divine folie de la croix? Etteveaux. Vendredi saint, 30 mars 1866.* »

II. Pèlerinage de la ville d'Autun a Paray-le-Monial

« C'était le jeudi 5 juin que la ville épiscopale et l'arrondissement d'Autun accomplissaient leur pèlerinage à Paray-le-Monial. Ce jour là, dix-huit cents pèlerins, auxquels s'étaient joints des représentants de plusieurs paroisses de la Nièvre, limitrophes du département de Saône-et-Loire, arrivaient le matin, par deux trains spéciaux, à la gare de Paray, où ils trouvaient réunis les pèlerins du Charolais et ceux du diocèse de Cambrai.

» La procession, promptement organisée, se mit en marche vers la ville, coquettement assise au milieu de prairies ombragées, et à laquelle le donjon de son hôtel municipal, les clochers et les tours de sa belle église romane, bâtie par les Bénédictins de Cluny, donnent l'aspect d'une cité du Moyen-Age apparaissant en plein dix-neuvième siècle. On peut évaluer à près de trois mille le nombre des personnes qui formaient l'immense procession, dont les sinuosités se déroulaient sans fin à travers les rues et les places. Les bannières, avec leurs couleurs variées, leurs pieuses devises, flottaient au milieu du cortège, et l'air retentissait des cantiques sacrés qui s'échappaient, avec l'élan de la foi, de ces milliers de poitrines.

» Toutes les classes, toutes les conditions sociales étaient là confondues. Prêtres et fidèles, riches et pauvres, ouvriers des champs, ouvriers des villes, mêlaient leurs rangs, donnant ainsi le grand spectacle de la seule égalité possible ici-bas, de l'égalité devant Dieu.

» Mgr de Léséleuc, le nouvel évêque d'Autun, attendait la procession à l'église paroissiale. De là on se rendit à l'extrémité de la ville où, au milieu d'une vaste allée de platanes, avait été dressé, sous un baldaquin richement décoré, un autel en plein air. De ce point élevé l'œil domine les riantes campagnes d'alentour. La grand'messe fut célébrée pontificalement, et la cérémonie se termina par la bénédiction papale. L'évêque, dont la tête, entourée d'une couronne de cheveux blancs, unit, dans son expressive physionomie, la majestueuse bonté d'un père à l'énergique fermeté du breton, levant ses regards vers le ciel, étendit sa main sur la foule agenouillée, et lui fit entendre, d'une voix forte et vibrante, les paroles de bénédiction qu'il lui transmettait de la part de Dieu. L'âme ne perd jamais le souvenir d'un tableau si solennel !

» A l'office du soir, le R P. Roux, de la compagnie de Jésus, prononça une éloquente et chaleureuse improvisation. Il montra la force inébranlable de l'Église résistant victorieusement à toutes les attaques, et son éternelle jeunesse se jouant des menaces d'agonie et de mort qu'on lui prodigue de toutes parts. Il proclama le saint vieillard du Vatican la plus grande figure de ce siècle, parce qu'il représente l'infaillibilité, l'unité religieuse, le droit, l'ordre moral, la justice, élevés à leur plus haute puissance. Il eut enfin des accents du plus noble patriotisme en parlant de la France, cette fille aînée de l'Église, cette fille chérie et privilégiée, qui, à cause de ses destinées providentielles constamment mêlées à celles de sa mère, doit, comme elle, se relever dans un prochain avenir.

» Les pèlerins, encore sous le charme d'une parole si entraînante, se rendirent processionnellement au monastère de la Visitation. Ils parcoururent avec une vive émotion les jardins

témoins des apparitions divines ; ils chantèrent, pleins d'enthousiasme, le cantique du Sacré-Cœur dans ces lieux où une
pauvre fille, au nom vulgaire, à la vie obscure, eut des
entretiens ineffables avec le cœur même du Sauveur Jésus ; ils
pénétrèrent dans la chapelle resplendissante d'or et de lumière,
et y vénérèrent les reliques de la sainte placées sous une magnifique châsse comme sous un tabernacle de triomphe !

» Une semblable journée laisse dans l'âme le parfum des
pensées les plus douces. Les nombreux pèlerins qui, pendant le
mois de juin, doivent venir successivement à Paray-le-Mônial
de tous les points de la France, en emporteront, j'en ai la
conviction, les mêmes impressions, les mêmes souvenirs. Ils
se demanderont, comme je me le suis demandé moi-même,
quelle force mystérieuse pousse ainsi les populations à entre-
prendre spontanément tous ces pèlerinages qui sillonnent aujourd'hui le pays en tout sens. Ils répondront unanimement que
cette force est le besoin irrésistible, chez l'homme, de croire au
surnaturel et d'affirmer cette croyance, besoin d'autant plus
impérieux que les temps sont plus troublés et plus enclins
aux doctrines néfastes du matérialisme. Le surnaturel, c'est, si
je puis parler ainsi, l'âme même de la société ; l'affirmer, c'est
affirmer Dieu, sa providence et son intervention directe dans
le gouvernement du monde. Cette intervention se manifeste
toujours par la voix des plus petits, des plus faibles. Dieu, en
les choisissant pour ses intermédiaires, veut confondre l'égoïsme
et l'orgueil, ces deux plaies profondes de l'homme et des
sociétés ; il veut encore, par l'exiguïté des moyens employés,
faire ressortir davantage sa toute-puissance. Sa miséricorde
suscite enfin, dans les jours mauvais, ces êtres purs, pour satisfaire à sa justice ; leurs expiations volontaires servent au rachat
des coupables, car nous sommes tous ici-bas solidaires de nos
vertus et de nos crimes.

» La bienheureuse Marguerite-Marie, si modeste, si humble,
fut une de ces innocentes victimes qui s'offrent d'elles-mêmes
en holocauste pour apaiser la colère de Dieu. Elle mérita par là
l'insigne honneur de recevoir les communications célestes ; elle
eut la mission de révéler au monde, et particulièrement à la
France, les trésors de bonté et de pardon que peut faire descendre sur la terre la dévotion au Cœur divin de Celui dont elle

fut la servante et la confidente fidèle. Que les pèlerins accourent donc en foule dans ces sanctuaires bénis, marqués au sceau ineffaçable du surnaturel et de l'éternel amour! Qu'ils continuent la pacifique croisade de l'immolation et de la prière au profit de notre chère patrie, au profit de nos frères encore infidèles; et que, suivant l'heureuse expression de Mgr l'évêque d'Autun, ces nouveaux croisés, revenus dans leurs foyers. s'appellent avec un légitime orgueil les chevaliers du Sacré-Cœur... *Etteveaux*, 8 *juin* 1873. *Conservateur de la Nièvre*, 12 juin 1874. »

III. Le Lac Léman. — Une mère

On lit dans *le Conservateur de la Nièvre* du 21 juin 1876 : « Voici quelques vers qui nous sont communiqués par un de nos amis de la Nièvre, dont les articles, aussi substantiels au point de vue politique qu'élégants et corrects sous le rapport littéraire, ont été accueillis avec tant de sympathie par nos lecteurs. La poésie aura la même fortune que la prose.

I. Le Lac Léman.

« Je vous revois encore, ô montagnes sublimes !
Par ce soleil couchant, je vois encor vos cimes
Briller de reflets d'or sous la voûte des cieux,
Quand déjà le vallon, couvert d'un voile sombre,
Avec ses bois épais pleins de silence et d'ombre,
    Disparaît à mes yeux.

» Et toi, lac, mes amours, à l'onde si limpide,
Oui, je reviens encor sur ma barque rapide,
Sillonner tes flots bleus, vaste océan d'azur ;
Je reviens contempler la splendeur de tes rives,
Abreuver ma pensée aux sources toujours vives
    D'un bonheur toujours pur !

» Site créé par Dieu pour l'ivresse de l'àme,
Pour allumer en nous cette céleste flamme
Dont l'éclat éternel illumine nos jours ;
Doux bruits, parfum du flot qui sur le bord expire,
Encor je vous entends, encor je vous respire,
     Je vous chéris toujours.

» Admirables tableaux d'une grande nature,
De Jéhovah lui-même ineffable murmure,
Je vous retrouve tels que je vous ai laissés ;
Le mont porte toujours sa neigeuse couronne,
Et toujours le torrent bat, par son eau qui tonne,
     Les rochers entassés.

» Ah ! te voici, Clarens, charme de ces rivages
Par tes vergers, tes fleurs, par tes riants bocages.
Qui virent l'amitié succéder à l'amour ;
Je vous découvre au loin, forêts de Meillerie,
Où, pendant l'ouragan, Saint-Preux avec Julie
     Vint s'abriter un jour !

» Là vint aussi Byron, mystérieux génie,
Barde aux accents mêlés de sauvage harmonie,
De gràce, de grandeur, et de doute et de foi ;
Lac, ici, sur tes bords, loin des bruits de la terre,
Il accourait chercher, pour son cœur solitaire,
     Le calme près de toi !

» Il aimait à voguer sur ta surface pure,
A recueillir des flots le tranquille murmure,
Voix par lui comparée à la voix d'une sœur
Qui, tendre, lui disait : « O frère de mon àme,
Non, tu n'as pas besoin du cœur d'une autre femme
     Pour comprendre ton cœur ! »

» Si parfois ton esquif fut en butte à l'orage,
Jamais il ne craignit les écueils, le naufrage ;
Il savait bien que toi le conduirais au port,
Qu'il n'en est pas ainsi des orages du monde,
Qu'ils laissent dans notre être une trace profonde.
     Si ce n'est pas la mort.

» Quand le Rhône, ô Léman, descendu des montagnes,
Torrent à ravager de fertiles campagnes,
Précipite ses eaux dans ton vaste bassin,
Tu calmes ses transports: sa vague jaunissante
Se transforme aux baisers de l'onde caressante ;
     Il sort pur de ton sein.

» Tel tu fus pour Byron, tel tu seras pour l'âme
Que, dans ses profondeurs, une secrète flamme
Brûle sans égaler le feu de ses désirs:
Tu lui découvriras un rayon d'espérance,
Tu la feras rêver aux rêves de l'enfance,
     Ce temps des doux plaisirs.

» Car toi, tu n'as pas d'âge et tu restes le même,
Portant toujours au front le pompeux diadème
Dont Dieu te couronna. Lac, ah ! voilà ton sort !
Mais, l'homme, qu'attend-il ! le déclin, puis la tombe.
Hélas ! à peine né, que soudain il succombe
     Sous les coups de la mort !

» Triste destin, il semble? Oui, triste en apparence ;
Mais quiconque a sondé de l'humaine substance
Les intimes rapports, les composés divers,
Sait qu'ici-bas du corps notre âme est prisonnière,
Qu'elle ne peut atteindre à la pure lumière,
     Tant qu'elle est dans les fers.

» Ne nous plaignons donc pas, quand vient l'instant suprême ;
Bénissons le Seigneur de la mort elle-même :
A notre être elle rend la sainte liberté,
Liberté de voir Dieu, la splendeur infinie !
Mort ! par toi vous vivons de la réelle vie,
     De l'immortalité ! »

II. Une mère

« Une mère ! quel nom plus doux !
Une mère ! quoi de plus tendre !
Quel cœur ici-bas plus à nous !
Quelle âme sait mieux nous comprendre !

» L'enfant verse en elle ses pleurs,
Ses sourires, son innocence ;
L'homme mûr aussi ses douleurs,
Ses rêves remplis d'espérance.

» La mère ! c'est de Dieu l'image,
De Dieu qui pardonne toujours :
C'est un rayon dans le nuage
Qui souvent assombrit nos jours.

» C'est de la maison l'harmonie ;
Le foyer, sans elle, est désert.
C'est la source d'où vient la vie,
C'est l'asile toujours ouvert.

» La mère ! Ah ! c'est la sûre étoile
Que le matelot suit des yeux ;
C'est la brise enflant notre voile
Vers les purs horizons des cieux.

» Lorsque le flot du large arrive,
Poussé par le vent mugissant,
Il trouve le calme à la rive
Et le doux zéphyr caressant.

» Ainsi, sur le sein de sa mère
Le fils accourt se reposer ;
Il sait que cette lèvre chère
Lui garde toujours un baiser ! »

Cette dernière pièce parut dans *le Conservateur de la Nièvre*
du 7-8 août 1876.

III. LA FOIRE DE BEUVRAY

« Le premier mercredi de mai de chaque année, c'est foire
au Mont Beuvray. Situé sur les limites du Nivernais et de la
Bourgogne, le Beuvray est le roi de la chaîne du Morvan par
son élévation, le vaste développement de ses bases, la puissance de ses contreforts, les déchirements de ses vallées profondes.

» Donc les flancs de la montagne sont sillonnés, en ce jour,
par les populations du voisinage. Domaines, hameaux, bourgs
ont là leurs représentants. Les villes mêmes, Luzy, Château-
Chinon, St-Léger-sous-Beuvray et Autun y envoient leur contingent, parfois nombreux.

» Tout ce monde, en habits de fête, gravit avec entrain les
pentes rapides et pierreuses des voies romaines ou celles, plus
rapides encore, des sentiers à l'herbe glissante. La gaieté s'épanouit sur tous les visages, les chants joyeux retentissent au sein
des vallées. Dans ce doux mois de mai, tout n'invite-t-il pas au
plaisir ? La nature a revêtu sa parure printanière ; l'aubépine
est en fleurs ; la modeste pervenche laisse entrevoir, à l'ombre
des grands arbres, ses blanches corolles ; l'oiseau voltige et
murmure sous la feuillée : qui ne se sent renaître à la vie ?

» Parmi les visiteurs du Mont Beuvray, la plupart font l'ascension à pied, quelques-uns à cheval, mais ils sont rares. On
rencontre même deux ou trois amazones à la taille élancée.
L'incident plaît aux regards et en même temps les effraie ; car,
en cas de chute de la monture (y a-t-il bon cheval qui ne tombe ?),
le précipice est voisin. Si son escarpement se cache sous un
tapis de houx toujours verts, ces lauriers du Beuvray sont toujours très piquants. Pour ceux qui sont trop vieux et aussi très

jeunes, — on ne l'est jamais trop — et surtout pour ceux qui tiennent à perpétuer les anciennes traditions morvandelles, il est un mode de transport généralement usité. On amène un char attelé de quatre bœufs morvandeaux, de ces bœufs rouges, trapus, doués d'un œil vif, d'un pied sûr. Deux longues planches clouées en regard servent de bancs ; une petite échelle mobile, de marchepied. Des bouquets de lilas décorent la tête des bœufs, le chapeau du bouvier ; le char disparaît sous des branches de verdure entrelacées. Une, deux, trois familles entières et leurs amis montent dans cette sorte d'omnibus rustique improvisé, dont la capacité n'a pas de borne. On s'y entasse, on s'y presse : plus on est serré, plus on est content.

» La lourde machine, ainsi enguirlandée et lestée, se met en route. Sa marche est lente, mais sûre ; l'équipage primitif, mais non banal. Les coussins, offrant à la fois la dureté et l'élasticité du tremplin, font éprouver le contre-coup du moindre mouvement du char. La roue sort d'une profonde ornière pour passer sur un rocher aigu, tombant ainsi de Charybde en Scylla. Qu'importe à la joyeuse caravane ? Elle aime, au contraire, ces incidents du voyage, qui lui font oublier pour un jour les routes macadamisées et monotones. Plus le cahot est brusque, plus la secousse est forte, plus le rire éclate.

» Le bouvier chemine solennellement en tête du convoi, semblant fier du rôle qu'il remplit. Au lieu de tenir, comme chaque jour, la vulgaire charrue, il conduit notre *monsieur*, notre *dame*, notre *mère-dame*, nos *demoiselles* et notre *petit monsieur*. Quelle responsabilité ! Quel honneur ! Il a conscience de l'un et de l'autre. C'est, du reste, le vrai type du bouvier du Morvan : nature plus fine qu'elle n'en a l'air, routinière, mais alerte à l'occasion.

» Le morvandeau a toujours la pointe de l'aiguillon en avant, et toujours aussi la chanson sur les lèvres. L'aiguillon excite, la chanson endort ; grâce à cette compensation, l'allure est plus que modérée. On comprend qu'après un tel luxe de vocalises, le bouvier ne craigne pas, dimanches et jours de fête, d'arroser son larynx de copieuses libations : réparation bien due à la semaine qui finit, préparation nécessaire à celle qui commence.

» Le majestueux véhicule ne met pas moins de trois heures

à accomplir l'ascension, et encore on peut se flatter de l'avoir faite en train express. Cependant le temps semble court, grâce aux mille incidents de la route, aux rencontres imprévues, aux aspects variés que l'on découvre, grâce à la franche gaieté qui règne, aux traits piquants d'esprit que le caprice invente et décoche. Après avoir gravi péniblement une dernière pente, qui ne paraît accessible qu'aux sangliers et aux chevreuils, on arrive enfin au sommet.

» Chose étrange! On croyait trouver là-haut une foire, et il n'en est pas trace. On ne voit ni vendeurs, ni acheteurs, ni même apparence de bétail, sauf quelques maigres brebis que certains cultivateurs avisés, profitant de l'occasion, ont conduites au pacage gratuit du plateau, manière comme une autre de prendre part à la fête. L'absence de transactions commerciales à Beuvray, loin d'être une désillusion, cause une agréable surprise. Des foires, n'y en a-t-il pas trop? On en voit en tout temps, on en voit partout. Pas de jour de l'année qui n'ait la sienne; pas de villes, pas de bourgs, pas même de hameaux qui ne prétendent en posséder une au moins :

> *Tout bourgeois veut bâtir comme les grands seigneurs,*
> *Tout petit prince a des ambassadeurs,*
> *Tout marquis veut avoir des pages.*

» A la place du tableau vulgaire d'une foire, qu'aperçoit-on sur le sommet? Des tentes où café et vin coulent à flots, sans pouvoir jamais manquer, car les claires fontaines sont voisines ; des groupes dansant sur l'herbe, au son de la musette nasillarde ; une famille faisant son repas champêtre, à l'ombre du hêtre centenaire ; des boutiques de biscuits, de jouets pour les enfants ; des marchands de longs rubans destinés aux jeunes gens et aux jeunes filles qui, pour la première fois, font l'ascension du Beuvray ; ici, la monture, cheval ou âne, attachée à une branche ; là, un artiste dont le crayon cherche à saisir le char rustique qui passe ou la jolie morvandelle qui paraît ; à ses côtés, le gendarme heureux de n'avoir pas à sévir ; plus loin, des femmes agenouillées, attachant, en *ex-voto*, des jarretières ou des branches de coudrier à la croix du bon saint Martin. Cette foule de gens qui dansent, qui prient, qui mangent, qui boivent, qui causent, qui rient, qui chantent ; ce pêle-mêle de vêtements divers, la cordialité qui règne entre toutes les classes confondues, tout cela présente un tableau plein de vie et de couleur locale, fait pour rappeler la fête charmante de la *Cervara*, bien connue des artistes, qui a lieu, chaque année, dans la campagne romaine.

» La foire de Beuvray, qui n'en porte que le nom, et la fête qui l'a remplacée ont l'une et l'autre leurs racines dans un passé lointain.

» Au Moyen-Age, une foire, fort en honneur, se tenait sur la montagne à cette époque de l'année. Les habitants du pays y venaient acheter les objets divers dont ils avaient besoin; ils y traitaient des affaires sérieuses; on prenait ce terme pour acquitter ses redevances. Là encore se vidaient les démêlés féodaux des seigneurs entre eux, et des moines avec les seigneurs. Les comtes de Châtillon, de Nevers, de Laroche-Millay, les seigneurs de Glenne, les religieux de Saint-Symphorien d'Autun étaient ceux que l'on voyait figurer le plus souvent dans ces débats litigieux.

» Quant à la fête, elle perpétue, après dix-huit cents ans, l'anniversaire des jeux floraux que les Romains célébraient avec pompe au Mont Beuvray en l'honneur de la déesse des fleurs.

» L'homme est ainsi fait! Il vit de tradition. Il suit instinctivement l'empreinte des générations qui l'ont précédé, parce qu'il espère que la sienne, à son tour, ne sera point effacée. Il s'attache aux souvenirs, comptant bien qu'un jour également on s'attachera aux siens. Mais, dans le passé, il fait son choix. Oubliant volontiers les affaires, les tracas, les chagrins, il ne garde la mémoire que des fêtes et des plaisirs.

» La vue qui, du Beuvray, s'offre aux regards, est splendide, variée, pleine de contrastes.

» Au nord et au nord-ouest, on dirait l'aspect sévère, mamelonné, d'un coin de la chaîne des Vosges. L'horizon est restreint, fermé par les bois *du roi*, rideau sombre sur lequel se détache en relief le village de Glux, fier de montrer sa nouvelle église. A l'ouest, au midi et à l'est, les plans s'accentuent, les horizons s'agrandissent. Presque au pied de la montagne paraît le château de Laroche-Millay *(rupes militum)*, pittoresquement placé sur un rocher à pic comme une sentinelle avancée à la rencontre de trois vallées. L'église est voisine du château; ils semblent s'appuyer l'un sur l'autre. Après Laroche-Millay, la vallée s'élargit. Sur les flancs du coteau qui encadre le cours sinueux de la Séglise, on aperçoit Saint-Gengoult, pieux asile de tombeaux confiés à la garde de la prière et des souvenirs. Un peu plus loin, Rivière avec ses vignes, ses terrasses étagées, que couronnent les bois et qui dominent les prairies. A gauche du cours de la Séglise, l'ancien fief de Vauban montre ses grands sapins; Laplanche laisse entrevoir ses tourelles; Saint-Didier s'élève au dessus d'un lac aux gracieux contours; la vapeur du train qui passe indique Étang, où aboutit la vallée du Creusot dont les fumées se mêlent aux nuages. A l'est, Autun, baigné par l'Arroux, dresse le clocher de sa cathédrale et les ruines de ses vieux temples au-dessous d'une large ceinture de mamelons boisés.

» Enfin, autour de cet immense panorama où figurent les villages, les fermes, les forêts, les prés verts, les moissons ondoyantes, se dessinent à l'horizon divers plans de montagnes graduées de teintes et de hauteurs et, au-dessus de toutes, quand l'atmosphère est favorable, les trois cimes neigeuses du Mont Blanc.

» Les souvenirs du Beuvray n'offrent pas moins d'attraits que la fête champêtre et ses beaux aspects.

» On est là en plein pays gaulois ; rien n'y manque, pas même *l'hôtel des Gaules*. Malgré son inscription à moitié effacée, on y dîne fort confortablement, ce qui a bien son prix ; on n'a point à s'occuper de solder sa dépense, ce qui est rare et non moins appréciable. La seule condition exigée pour jouir de la faveur est de compter parmi les parents ou amis du maître de céans, et, comme la liste en serait longue, les rangs à table sont toujours très serrés.

» Le nom d'un homme dont la modestie rehausse le mérite, est étroitement uni au souvenir du Beuvray. M. Bulliot, qui joint la patience du bénédictin à la science de l'archéologue, l'enthousiasme de l'artiste à la foi du chrétien, a tout sondé, tout remué sur le plateau et les flancs de la montagne. Ne s'arrêtant pas à la couche romaine, il a, par des fouilles aussi persévérantes qu'intelligentes, pénétré plus avant. Il en est arrivé à prendre, pour ainsi dire, sur le fait la vie gauloise et à constater, avec preuves à l'appui, l'existence, sur le Beuvray, de Bibracte, l'antique cité des Éduens, l'*oppidum copiosissimum et longe maximum* des *Commentaires* de César.

» C'est une bonne fortune que celle de pouvoir explorer, sous la direction de M. Bulliot, les tranchées qu'il a ouvertes, les substructions et les ruines qu'il a mises au jour. Toute pierre, tout pli de terrain lui sont familiers ; il vous explique l'emplacement de l'*oppidum* embrassant trois plateaux étagés, les retranchements formant l'enceinte fortifiée et appelés encore les *fossés* de Beuvray ; il vous fait pénétrer dans des maisons d'artisans, des boutiques de fondeurs de bronze, et jusque dans ce qui servait d'arsenal aux Éduens ; il vous montre les puits funéraires, les sépultures que l'on rencontre à Bibracte et qui présentent un intérêt capital, car dans la tombe se trouve presque toujours le secret de la vie ; enfin vous reconnaissez avec lui les vestiges du culte druidique dans l'énorme bloc de granit, dit *pierre salvée*, qui se dresse, à la hauteur de cinq mètres, sur un pâturage dénudé. Ce rocher dut servir, à la fois, de tribune et d'autel aux ministres de cette religion mystérieuse et sanglante qui se plaisait au milieu des forêts, des sites sauvages et des grandes scènes de la nature.

» A côté des souvenirs antiques et païens, on retrouve les traces du christianisme sur ce sommet dont il prit possession en y implantant la croix.

» Saint Martin, l'apôtre universel des Gaules, vint au Mont Beuvray ; sa mémoire y est restée populaire, et son nom est écrit en caractères ineffaçables dans les légendes, dans les monuments, dans les fontaines, jusque dans les rochers de la montagne. Privilège merveilleux de la sainteté ! un simple moine, n'ayant d'autre richesse que la charité, d'autre force que sa foi, d'autre moyen que la prière, vit immortel à travers les siècles, tandis que les puissants de la terre, malgré le bruit qu'ils ont fait, tombent vite dans l'oubli des générations qui les suivent. César, lui aussi, a foulé ce sol à la tête de ses légions victorieuses : quel paysan morvandeau connaît aujourd'hui César ?

» La légende rapporte que saint Martin, monté sur un âne

et vêtu de son traditionnel manteau, traversait le pays éduen, évangélisant les pauvres, les petits, vers lesquels l'attirait sa charité. Arrivé aux alentours du Beuvray, il fut poursuivi par une troupe de païens et parvint, non sans peine, à gagner le versant nord d'une gorge profonde qui coupe en deux parties la montagne et d'où dérive son nom (*mons bifractus*). Pour mettre un obstacle entre lui et ses persécuteurs, le saint fit miraculeusement franchir, d'un seul bond, la large vallée à sa pauvre monture, dont le pied, en retombant sur un rocher du versant opposé, y laissa marquée son empreinte. On la voit encore ; le rocher a conservé le nom de *roche du pas de l'âne* ; la vallée s'appelle la vallée de *Malvaux*, la *mauvaise vallée*.

» Quinze siècles après l'événement, un congrès de savants et d'archéologues faisait élever, au point culminant du plateau, une croix monumentale de granit en l'honneur de l'humble persécuté du quatrième siècle. Au-dessous d'un bas-relief gravé dans la pierre et représentant l'épisode si connu de la vie du saint, on lit cette inscription :

A

SAINT MARTIN, APOTRE DES GAULES
SOUVENIR DE SON PASSAGE
AU MONT BEUVRAY
CCCLXXVI

*Monument du XVIIe Congrès
Archéologique.*

Nevers. MDCCCLI

» N'est-ce pas le cas de rappeler ici la judicieuse remarque du comte de Maistre : « Le christianisme a été prêché par des ignorants et cru par des savants, et c'est en quoi il ne ressemble à rien de connu. »

» Il y a quelques années, M. Bulliot découvrit, dans le voisinage de la croix, les substructions d'un temple païen ; puis, dans l'enceinte même du temple, il reconnut les fondations de l'antique oratoire que la pitié des fidèles avait consacré, à une époque fort reculée, à la mémoire de saint Martin. Il conçut l'heureuse pensée de rendre la vie à ces ruines. Grâce à une souscription dont l'initiative lui appartient, il put promptement mettre la main à l'œuvre. Aujourd'hui une chapelle, tout entière en granit et capable de défier les ravages du climat et du temps, s'élève sur le sommet de la montagne, dans l'axe même de la croix, au milieu des tranchées encore ouvertes, où gisent éparses les pierres du temple de la déesse des fleurs ! A bon droit on pourrait graver, sur le fronton de l'oratoire du Beuvray, la devise triomphale :

Le Christ commande, il règne, il est vainqueur !

» Lorsqu'après avoir parcouru les fouilles du Mont Beuvray, recueilli les souvenirs qui s'en dégagent, on revient à l'endroit où se trouvait la fête, les danses ont cessé, car la nuit est prochaine. Les villageois regagnent leurs demeures ; rien ne trouble le silence du plateau désert que quelques chants éloignés, se perdant au fond des bois.

» En ce moment, qui tient à la fois du jour et de l'ombre, au sein de cette profonde solitude, en présence du panorama immense qui, sous une teinte crépusculaire, se déroule aux regards, quel calme pénètre la pensée ! L'âme recueillie s'appartient ; elle jouit de la vie intime, de sa vie essentielle ; elle remonte, sans effort, à l'éternelle source d'où elle découle.

» Comme à cette hauteur, comme à cette distance, les horizons d'ici-bas semblent étroits et sombres, en les comparant aux horizons infinis et purs que la contemplation découvre !

» On voudrait pouvoir passer de longues heures et bien des jours dans cette sérénité, qui repose en vivifiant. On regrette d'être obligé de descendre dans la vallée, pour se retrouver mêlé aux vaines agitations qui troublent et prendre forcément sa part des préoccupations que tous ressentent aujourd'hui sur l'avenir du pays. On se met à désirer ardemment, pour lui et pour soi, le temps d'heureux loisir dont parlait le poète : *Deus nobis hæc otia fecit.* Quand viendront-ils, ces jours bénis, et quelle divinité favorable nous les donnera ? L'heure, c'est le secret du ciel ; quant au dieu propice, beaucoup le connaissent et beaucoup espèrent en lui ! *Conservateur de la Nièvre,* 19 juin 1874. »

V. Appendice

(Extrait de la *Vie de Mgr Dufêtre*, évêque de Nevers, par Mgr Crosnier, pages 52, 56 et suivantes).

« ....

... Cependant, les meneurs étant venus à bout d'ameuter le peuple, l'abbé Dufêtre, pressé, du reste, par les autorités locales elles-mêmes, jugea prudent de s'éloigner, pour laisser passer l'orage. Il quitta donc Tours et se retira en Anjou, au château de Parpacé, où une noble et cordiale hospitalité lui était offerte...

» Le château de Parpacé, vieux manoir féodal qui domine de son fier donjon les vallons et les coteaux du voisinage, était à cette époque la résidence de Madame de Galembert et de ses deux jeunes fils. Le chef de cette intéressante famille avait été enlevé par une mort prématurée dès 1825, et, depuis cette douloureuse époque, l'abbé Dufêtre était devenu comme l'un de ses membres. Pendant la mission qu'il donnait à Vendôme, il avait visité plusieurs fois M. de Galembert dans sa dernière maladie : après avoir adouci au mourant les amertumes d'une séparation toujours si cruelle pour la nature, il était resté le consolateur et l'appui des orphelins et de leur mère. Des liens formés sur le bord d'une tombe, et comme cimentés par les larmes que la main du prêtre avait essuyées au nom de la religion, devaient l'aider lui-même à traverser les épreuves qu'il allait subir à son tour.

» Quand donc la brutalité des événements vint contraindre le vicaire général de Mgr de Montblanc à s'éloigner de Tours, Madame de Galembert s'empressa de mettre à sa disposition la retraite de Parpacé. L'abbé Dufêtre accepta comme un bienfait de la douce Providence une offre qui révélait toute la délicatesse de la reconnaissance. Derrière les vieilles tourelles, à l'ombre des grands arbres, à ce foyer intime où il venait s'asseoir comme un ami de vieille date, il allait enfin trouver, pour la première fois peut-être, ce trésor si estimé des grandes âmes : le calme de la solitude, le bonheur d'être ignoré. Mais, ce qui devait surtout lui rendre le séjour de Parpacé plus cher, c'était d'y demeurer avec deux enfants auxquels il pourrait prodiguer les soins d'une sollicitude toute paternelle.

» Qui, mieux que l'ancien directeur de Saint-Just, pouvait remplir auprès des fils de Madame de Galembert, dont l'aîné comptait à peine quinze ans, la délicate mission de précepteur ? Si les talents d'un maître si distingué promettaient à l'intelligence des deux élèves une culture habile, quelle riche moisson de vertus devaient préparer dans leur cœur l'expérience, le zèle et la piété d'un tel prêtre ?

» Convaincu que le plus sûr moyen de rendre son action efficace était de la faire aimer, il s'appliqua, tout d'abord, à gagner la confiance des enfants qu'il voulait instruire et élever. Sa haute intelligence, son cœur si expansif et si riche, lui rendirent cette tâche facile, et l'âme de ses élèves s'ouvrit tout entière aux leçons du maître, comme la fleur s'épanouit aux rayons du soleil. Les jeunes de Galembert ne tardèrent pas à chérir comme un frère le mentor indulgent qui savait, dans l'occasion, descendre au niveau de leur âge et se faire enfant avec eux. Ainsi affranchies de ce caractère officiel, toujours importun quand il n'est pas odieux, les relations du maître avec ses élèves formèrent comme une atmosphère vivifiante, au sein de laquelle se dilataient sans effort leurs facultés naissantes.

» Rien n'égalait le charme de ces causeries familières et intimes auxquelles s'abandonnaient nos trois amis, dans leurs promenades à travers les champs ou à l'ombre des bois. Dans ces joyeuses excursions, qui délassaient de la fatigue des études, tout offrait à l'esprit vif et pénétrant du précepteur le sujet d'une remarque intéressante, d'une instruction utile, d'une application morale et chrétienne. A chacune de ses paroles, ses compagnons de promenade répondaient par une saillie enfantine, par un éclair d'intelligence, par une répartie vive et spontanée ; alors la conversation s'animait : sous une parole qui devenait plus imagée et plus ardente, l'azur des cieux, la verdure des forêts, la claire transparence des eaux, faisaient entendre un merveilleux langage, et la nature entière, s'animant tout à coup à leurs regards ravis, remplissait ces jeunes âmes d'admiration, de reconnaissance et d'amour pour le Dieu puissant et bon qui créa ces magnificences.

» Ce fut dans une de ces excursions que survint à l'abbé Dufêtre un accident fâcheux, dont il eut à souffrir jusqu'à la fin de ses jours. En franchissant un fossé, il tomba si malheureusement, qu'une entorse avec déchirement de l'enveloppe des tendons obligea de le ramener au château en voiture. Pendant trois mois, il ne put marcher et fut en proie à de vives douleurs ; et, depuis lors, il ne cessa jamais de souffrir, quand il eut à faire une course un peu longue.

» Cependant les soins prodigués à ses élèves ne l'empêchaient pas de travailler aussi pour lui-même. Habitué dès l'enfance à utiliser toutes ses journées, dont chaque heure avait son occupation particulière, il était toujours levé à quatre heures du matin, et il consacrait à ses travaux favoris le temps qu'il ne donnait pas aux jeunes de Galembert. Ce fut à Parpacé qu'il composa plusieurs de ses meilleurs sermons, et qu'il puisa, dans l'étude assidue des épîtres de saint Paul, cette élévation de pensées, cette puissance de parole, cette énergie toute divine du langage des Écritures, qui devaient plus tard ravir d'admiration ses auditeurs. C'est ainsi que Dieu sait tirer le bien du mal ; c'est ainsi que, selon la parole de l'Apôtre, « tout concourt au bien de ceux qui aiment le Seigneur. » Notre exilé sortira de la solitude où l'ont relégué les vicissitudes humaines, plus grand, plus complet, plus éloquent qu'avant les jours de l'épreuve.

» Grâce à un nom d'emprunt, il put laisser ignorer à ses ennemis le lieu de sa retraite. On ne le connaissait dans le pays que sous le pseudonyme de l'abbé Domingue ; même pour le curé de la paroisse de Bocé, sur laquelle était situé le château de Parpacé, il n'était qu'un confrère tourangeau, chargé de l'éducation des enfants de Madame de Galembert. Racontons à ce propos une petite anecdote, qui pourra égayer un instant nos lecteurs.

» Aux approches de la Toussaint, le bon curé de Bocé vint trouver l'abbé Domingue. « Mon cher abbé, lui dit-il, seriez-vous assez bon pour adresser quelques paroles d'édification à mes paroissiens ? — Ah! monsieur le curé, répondit l'abbé Dufêtre, que me demandez-vous là? Un pauvre précepteur n'a guère l'habitude de la chaire. Encore si vous m'eussiez averti quinze jours à l'avance, j'aurais pu, peut-être, essayer de me préparer... : mais maintenant, en si peu de temps! de grâce. n'insistez pas. — Allons, mon bon abbé Domingue, répliqua le curé, du courage, du courage; l'auditoire de Bocé n'est pas si terrible que vous vous l'imaginez; puis, il faut bien se former un peu ; croyez-moi, essayez, et vous vous en tirerez tout de même. » L'abbé Domingue accepta, et, le jour de la Toussaint. on vit paraître en chaire le précepteur de Parpacé. Qui fut le plus étonné dans l'auditoire? Le bon curé, sans aucun doute. Il s'extasia sur les débuts du jeune prédicateur, et il se félicita grandement de l'avoir engagé dans une carrière qui devait sous peu, disait-il avec assurance, le conduire loin.

» Vers la fin de novembre, le vicaire général reçut dans sa solitude une visite qui le combla de joie. Désireux de lui donner une nouvelle preuve de son attachement et de son estime, Mgr de Montblanc, que n'avaient arrêté ni les rigueurs de la saison, ni les fatigues du voyage, arriva au château de Parpacé, en compagnie de M. l'abbé Bruchet, son second vicaire général. Pendant les deux jours qu'il y passa, le vénérable prélat s'entretint longuement avec l'abbé Dufêtre des affaires de son diocèse, et lui annonça que, les passions révolutionnaires commençant à se calmer, il espérait bientôt le voir revenir à son poste.

» La présence de l'archevêque de Tours au château de Parpacé ne dissipa point les illusions du pasteur de Bocé. Ce ne fut que pendant la station du carême prêché en 1831 à Angers par le prétendu abbé Domingue, que le respectable curé eut enfin la clé du mystère. Il apprit alors, à son grand étonnement, que le jeune débutant dans la chaire de sa paroisse n'était autre que l'abbé Dufêtre, dont le nom véritable arrivait à lui au milieu des acclamations de la ville d'Angers tout entière. »

TABLE DES MATIÈRES